会计名家培养工程学术成果库
——学术总结系列丛书

惊涛骇浪志不移
——我的破产会计研究之路

栾甫贵 著

中国财经出版传媒集团
中国财政经济出版社

图书在版编目（CIP）数据

惊涛骇浪志不移：我的破产会计研究之路/栾甫贵著．
--北京：中国财政经济出版社，2020.8
（会计名家培养工程学术成果库．学术总结系列丛书）
ISBN 978-7-5095-9909-9

Ⅰ．①惊⋯ Ⅱ．①栾⋯ Ⅲ．①会计学-学术研究
Ⅳ．①F230

中国版本图书馆CIP数据核字（2020）第130173号

责任编辑：李 磊 罗 荀　　责任校对：张 凡
装帧设计：陈宇琰　　　　　　责任印制：党 辉

中国财政经济出版社 出版

网址：www.cfeac.com

（版权所有　翻印必究）

社址：北京市海淀区阜成路甲28号　邮编：100142
营销中心电话：010-88191537
天猫网店：中国财政经济出版社旗舰店
网址：https://zgczjjcbs.tmall.com
中煤（北京）印务有限公司印装　各地新华书店经销
787×1092毫米　16开　20.25印张　230 000字
2020年9月第1版　2020年9月北京第1次印刷
定价：98.00元
ISBN 978-7-5095-9909-9
（图书出现印装问题，本社负责调换）
本社质量投诉电话：010-88190744
打击盗版举报热线：010-88191661　QQ：2242791300

 **会计名家培养工程学术成果库**
编委会成员

主　任：程丽华

副主任：朱光耀

委　员：高一斌　杨　敏　吴祥云　郭道扬

　　　　孙　铮　顾惠忠　刘永泽　刘　志

　　　　王世定　周守华　王　华　樊行健

　　　　曲晓辉　荆　新　孟　焰　王立彦

　　　　陈　晓

出版说明

为贯彻国家人才战略，根据《会计行业中长期人才发展规划（2010~2020年）》（财会〔2010〕19号），财政部于2013年启动"会计名家培养工程"，着力打造一批造诣精深、成就突出，在国内外享有较高声誉的会计名家，推动我国会计人才队伍整体发展。按照《财政部关于印发会计名家培养工程实施方案的通知》（财会〔2013〕14号）要求，受财政部委托，中国会计学会负责会计名家培养工程的具体组织实施。

会计人才特别是以会计名家为代表的会计领军人才是我国人才队伍的重要组成部分，是维护市场经济秩序、推动科学发展、促进社会和谐的重要力量。习近平总书记强调，"人才是衡量一个国家综合国力的重要指标""要把人才工作抓好，让人才事业兴旺起来，国家发展靠人才，民族振兴靠人才""发展是第一要务，人才是第一资源，创新是第一动力"。在财政部党组正确领导、有关各方的大力支持下，中国会计学会根据《会计名家培养工程实施方案》，组织会计名家培养工程入选者开展持续的学术研究，进行学术思想梳理，组建研究团队，参与国际交流合作，以实际行动引领会计科研教育和人才培养，取得了显著成绩，也形成了系列研究成果。

为了更好地整理和宣传会计名家的专项科研成果和学术思想，中国会计学会组织编委会出版《会计名家培养工程学术成果库》，包括两个系列丛书和一个数字支持平台：研究报告系列丛书和学术总结系列丛书及名家讲座等音像资料数字支持平台。

1. 研究报告系列丛书，主要为会计名家专项课题研究成果，反映了会计名家对当前会计改革与发展中的重大理论问题和现实问题的研究成果，旨在为改进我国会计实务提供政策参考，为后续会计理论研究提供有益借鉴。

2. 学术总结系列丛书，主要包括会计名家学术思想梳理，教学、科研及社会服务情况总结，旨在展示会计名家的学术思想、主要观点和学术贡献，总结会计行业的优良传统，培育良好的会计文化，发挥会计名家的引领作用。

3. 数字支持平台，即将会计名家讲座等影音资料以二维码形式嵌入学术总结系列丛书中，读者可通过手机扫码收看。

《会计名家培养工程学术成果库》的出版，得到了中国财经出版传媒集团的大力支持。希望本书在宣传会计名家理论与思想的同时，能够促进学术理念在传承中创新、在创新中发展，产出更多扎根中国、面向世界、融通中外、拥抱未来的研究，推动我国会计理论和会计教育持续繁荣发展。

会计名家培养工程学术成果库编委会
2018年7月

前 言

自1982年1月留校任教以来,我曾经供职过黑龙江八一农垦大学、天津商学院、北京工业大学、首都经济贸易大学四所高校,很多朋友开玩笑说我是个不安分的"跳棋手""喜新厌旧",但无论在哪所高校任职,我都没有放弃对"破产会计"的研究和探索,从一定意义上讲,我的工作调动也是为了更好地研究破产会计、发展破产会计,由此我又是一个"老顽固",被业内冠之"栾破产",也算是一个标签吧。

能够入选财政部"全国会计名家培养工程",也许是"破产会计"这一标签成就了我这个机会,在深感荣幸的同时也十分忐忑,因为《会计名家培养工程实施方案》中,除了三年培养期间的相关工作要求外,还要求入选者梳理学术思想、撰写学术自传,而作为冷僻、边缘的"破产会计"研究,从哪里入手?从何谈起?有哪些值得总结梳理的呢?常言道:"三岁看大,七岁看老",我之所以坚持30多年的破产会计研究,其中离不开家庭教育、学校教育以及诸多恩人、大师的指点帮助,应该借此机会回顾并感恩,从家庭教育、学校教育、社会教育等多角度回顾我的成长过程和学术研究过程。而破产会计理论及实务的相关思维,又自觉不自觉地带入到我的会计教育教学工作中,给了我许多会计教育教学方面的启发,促进了我教育教学水平的进步。在此思路下,将本学术思想梳理分为求学、从教、科研、感悟四个部分，感恩帮助过我的老师、学长、领导、朋友及家人，讲述他们给予我热情、无私帮助的故事，从中总结阐述相关思路，提炼相关学术思想和主要内容，以期为年轻学者提供一些可资借鉴的素材。

本学术自传得到了中国会计学会、中国财经出版传媒集团的鼎力支持和帮助，并提出了许多宝贵的修改意见，在此表示由衷的感谢！由于学术自传由本人主笔，且个人积累的资料不够完整详细，很多成长经历主要靠回忆整理，学术思想也是个人梳理完成，某些观点难以保证绝对的客观公正，还望读者不吝赐教、批评指正。

目录 CONTENTS

第一部分　学海无涯乐作舟　/　1

　　一、做人的启蒙：中小学　/　3
　　二、知识的天堂：大学　/　14
　　三、交流的财富：进修　/　29
　　四、思维的更新：读研　/　37
　　五、视野的拓展：读博　/　47

第二部分　教书育人登高楼　/　53

　　一、初登讲台：畏惧　/　55
　　二、领悟讲台：交流　/　60
　　三、感悟讲台：精神　/　68
　　四、升华讲台：育人　/　72
　　五、教学管理：思考　/　74

第三部分　结缘破产志不移　／　*83*

　　一、青涩科研起步　／　*85*
　　二、结缘破产会计　／　*87*
　　三、初识破产会计　／　*108*
　　四、拓展破产会计　／　*142*
　　五、感悟破产会计　／　*210*

第四部分　感悟会计获新酬　／　*231*

　　一、建立多重教育理念　／　*234*
　　二、采用质疑教学方法　／　*249*
　　三、实施会计教育中的人生教育　／　*264*
　　四、认识会计学的学科性质　／　*268*

附录　／　*283*

　　一、学习简历　／　*285*
　　二、工作经历　／　*286*
　　三、主要科研成果目录　／　*287*
　　四、主要获奖　／　*292*
　　五、指导毕业的博士生、硕士生名录　／　*294*
　　六、学生评价　／　*299*

后记　／　*307*

第一部分

学海无涯乐作舟

一、做人的启蒙：中小学

听祖母及父亲讲，祖辈在清朝后期由山东省海阳县闯关东到辽宁省本溪县，后于1916年又转到黑龙江省宝清县七星泡镇，开了一家"果匠铺"，从事麻花、干果等油炸食品的生产销售业务，前店后厂，生意不错。后因日本轰炸机轰炸了作坊，转而从事玉米、大豆的种植，恢复了农民职业。

1961年4月，我出生在宝清县七星泡公社一个丘陵边缘的村子里——永胜村。父亲、母亲都是农民出身，父亲读了五年书，母亲则是一个大字不识的农村妇女。母亲共生了9个孩子，但1949年以前的五个孩子都因为疾病在2~6岁之间不幸夭折。现在我们姊妹四人，上有哥哥、姐姐，下有妹妹。父亲曾经当过村会计、队长、村支书，后来当过几年公社砂石站的站长，家族中也出现了多位从事会计工作的亲人，叔叔是七星泡公社会计辅导，叔叔的两个儿子曾担任公社粮库会计，我的哥哥、妹妹均从事过供销社会计或中学会计工作，因此我对会计职业并不陌生，印象最深的还是父亲做村会计的一些见闻。

父亲当村会计时，时常将账本拿到家里，有时在家里编制年终

我美好幸福的大家庭（拍摄于 1979 年暑假）

决算，因而我对会计有点皮毛的认识。1967年左右的一个年末，父亲和生产队长、出纳员等在家里编决算报表，连续几天熬夜也没有完成，父亲一边踱步，一边念叨着："就差两分钱，怎么找不到呢！"我问父亲，是丢了两分钱吗？咱家里没有两分钱吗？还上不就行了吗？父亲不耐烦地说："不是钱的事，是账不平，你不懂！"

因为父母务农，哥哥、姐姐上学，农村又没有幼儿园，没有人照看我，祖母已经70多岁，姐姐便在上学时带着我到村里的小学校（永胜学校），让我坐在她座位边的凳子上，由于男孩子比较淘气、捣乱，影响课堂教学，老师后来不让姐姐带我去学校了，只有祖母带着我。我渴望着要去学校上学，见到小伙伴，便拉着祖母去学校报名上学，当时农村小学的入学年龄是八周岁，而我还不到七周岁。当时小学的校长叫马龙海，是我们一个村的老师。他见到我们祖孙两人后，了解了我们家里情况，还问我为什么要上学，我说要找小伙伴玩，大家一起读书、写字挺有意思，好像还考了我一道算术题，便"破格"允许我入学了。晚上爸妈干农活回来，听说我要去上学，坚决不同意，说我这么早上学，中学毕业后年龄太小（当时是高中九年制），回村里干活不够"整劳力"要求，只能是"半拉子"，可在我的一再坚持及奶奶的说和下，爸妈还是满足了我的入学意愿。就这样，我以班里年龄最小的同学于1968年3月入读小学一年级，班主任是同村的朴文荣老师，教我们语文课。由于比较努力，也非常喜欢上课的环境，学习中不但没有落伍、没有被留级，反而成绩还不错，一年级的两个学期都在前五名。到三年级后，我们换了班主任，新来的班主任是同村的李洪先老师，教我们算术课。秋天的一次课间休息后，上课铃声响了，李老师让我去教室外喊同学们进

初中毕业照（第四排右一为作者）

教室上课，我弓着腰双手在嘴边形成喇叭状，大喊："上课啦！"李老师见状，把我叫到他身边，严肃的跟我说：看看你这是什么样子！看看你哥哥，他在咱们村从种地到开拖拉机到现在供销社营业员，那么有礼貌，言行规范，你怎么会是这样呢？！这段话深深刺痛了我，刻骨铭心，从此以后逐渐改掉了过去那种随意、任意的举动，更加关注言行中的礼貌、礼节，至今不敢忘怀。

我所在的永胜学校，包含五年制小学和两年制初中，1973年读初一时遇到了学制调整，将春季入学改为秋季入学，初一延长了半年，因而初二毕业的时间由1975年1月延长至1975年7月，我以班级第四的成绩考入七星泡公社中学（也称宝清县第二中学），1975年9月入学，编入七星泡中学第三十五班，班主任是教我们物理的刘梦智老师。就像他的名字一样，刘老师知识渊博，物理课讲得非常好，也亲自带领我们进行物理实践。当然，那个年代实行开门办学，我们学的数理化都是实务性质的设计：农村应用数学、农村应用化学，物理主要学的是农村电工，如缠电动机线圈、爬电线杆装瓷瓶、架高压线，等等。除此以外，学校还有校田地、校办工厂，每学期大致一半时间在课堂以外"实习"，冬天教室的取暖靠的是烧炉子，需要干柴引火，每个同学都要带干柴去学校，或自己爬树掰干树枝。1975年9月的一天中午，我和两个同学去学校南墙边的一排杨树下，发现树上有好多干树枝，我和一个同学爬到树上掰这些干树枝，下面一个同学负责收拾，结果我脚下一滑，从大约十米的高度掉进了围墙外的沟里，其他两个同学吓坏了，好在没有落到沟里的石头和碎瓶子上，但脚踝严重挫伤，两个同学把我拉上来，我一瘸一拐回到教室，由于当时学校条件有限，也没有医务室，就这

五七公社高中毕业照(第四排右一为作者)

样忍到下午上课时间，而当天下午是我们的劳动时间，用泥巴砌学校的院墙。当时的口号是"轻伤不下火线"，我便在同学的搀扶下来到了工地。刘梦智老师看了一下我有些发肿的右脚踝，用手摸了几下，了解了事情原委，带着心疼又严厉的口吻说，那么高的树你也敢爬，万一摔出个好歹怎么办！没有让我参加这次劳动，让一个同学陪我去附近的诊所看医生，就像自己的爸妈一样关心爱护我们，令我非常感动，对我后来在高校教师职业中如何关爱学生给出了鲜活的样板。1997年在天津商学院会计系担任1997级会计专业班主任期间以及后来讲授专业课期间，我也曾多次帮助受伤、受挫的同学；在首都经济贸易大学为2007级注册会计师专门化3班的黄天墨同学送医治腰伤的膏药等药品；2019年10月，一个已经毕业四年的硕士生父亲罹患癌症，由于家庭困难向我两次借款，我毫不犹豫地给予了帮助。

1976年8月，由于哥哥工作调动，举家搬迁到宝清县的"五七"公社，我也随迁到"五七"公社中学就读高中九年级。该毕业班的班主任是王雪云老师，给我们主讲化学课程。王老师是该校出了名的"亲民"老师，对待同学更是无微不至，我们全班52名同学中，差不多都去她家里吃过饭，高中毕业时的"散伙饭"就是在王老师家，全班同学一起在王老师家动手做菜做饭，在难舍难离中这些青涩的青年人告别了学生时代，步入了不同的人生轨道。

1977年7月高中毕业后，我在五七公社当起了修建"战备洞"推石头、盖楼挑砖等的临时工。10月中旬听到恢复高考的广播通知，在我的内心里，高考与我没有啥关系，因为感觉自己没有学到多少

我的高中班主任王雪云老师（就坐者）

东西，考也考不上。哥哥知道我的想法后，觉得我的想法不对，反正现在没有正式工作，即使考不上也没有关系，最多还回来做临时工。在哥哥的鼓励下，我放下临时工的工作，开始复习高考，于同年11月19~20日参加初试，出乎意料的是，12月初公布的初试成绩中，我居然在全公社位列第一名！我便开始了复试的准备，几乎每天都去当时高中班主任王雪云的家里，她作为"文革"前的中专毕业生，不仅数理化基础非常好，而且对待同学特别热心，耐心细心地辅导我和另一位同学的数学、物理、化学，每天晚上几乎都要到10点以后。

复试通知下来后，要求考生填报志愿，对此无论是考生还是老师都一片茫然，因为"文革"期间采用单位推荐工农兵上大学，取消了高考，对填报学校、专业没有任何经验可循。为此，哥哥邀请王雪云、季国义、黄显耀等我读高中的几位老师到家里，帮我参谋报志愿的事情。鉴于我中小学时期学的知识太少，基础不好，是否能够考上大学并没有把握，老师们建议不能把志愿报高了，还是报考省内的高校比较稳妥，并建议我报考会计专业，因为我们家里有多位当过会计的亲属，认为会计职业比较稳定，室内工作没有风吹雨淋，又比较文雅；还有的老师说，"文革"前就有"会计师"，和工程师一个级别的，受人尊敬，这个专业挺好。专业确定后，在选择学校方面，看到了"黑龙江农垦大学"，在密山县境内，离家150公里左右，据有的老师说，这个学校绿化非常好，像个大公园，结果看到这个学校真有会计专业，名称为"国营农场财务与会计"，我们公社边上就是855农场、8511农场，对农场再熟悉不过，将来到国营单位工作，多好呀！就这样，第一志愿的第一专业确定为黑龙

新生入学注意事项

一、新生入学后，一律不准调换专业。

二、新生入学必须携带下列证件及物品：

1. 准考证及入学通知书，否则不予办理入学手续。
2. 党、团员持党团关系介绍信，由县（场）以上组织部门直接介绍到我校组织部门和团委。
3. 户口迁移证、县粮食局签发的粮食关系介绍信（二者必须同时带来，粮油从78年五月一日起由学校所在地区供应）。
4. 持边境居民证或前往边境地区通行证。
5. 备一寸正面免冠照片五张。
6. 携带本人学习和生活用品，包括：绘图仪器（机、电专业）、三角板、实习用的工作服、劳保用品、蚊帐等。（因托运行李一般晚到，应随身携带简单被褥）

三、新生入学路费：国家职工由原单位发给车船费；其他学生因路途较远，家庭经济确有困难者，可持证明向所在县（区）招生委员会申请补助。新生入校途中的食宿费、行李托运费自理。

四、国家职工入学时工令满五年的，在校学习期间，工资由原单位照发。

五、报到时间：
一九七八年三月六日至三月八日止。
三月九日开学。

因故不能按时入学者，需向学校办理请假手续，请假时间最长不超过四周，无故逾期七天以上不到校者，取消入学资格。

六、我校校址在黑龙江省密山县裴德，火车票买到裴德站，行李托运直接到裴德车站，（不要托到密山）在规定报到期间，学校在车站设有接待站。

黑龙江农垦大学
一九七八年二月

1978年大学入学的"大学入学注意事项"

江农垦大学（1978年恢复"黑龙江八一农垦大学"校名，第一任校长为王震将军）的国营农场财务与会计，第二专业为果林，第二志愿是黑龙江商学院的商业经济（哥哥在供销社工作，以为将来也在商业系统工作），第三志愿是东北林学院的林木保护（我家里在山区，属于完达山脉）。

12月25日我们去宝清县一中参加复试，之后便是漫长的等待，漫长的冬天，去山里伐木、砍柴，直到1978年3月初也没有高考的最后消息。3月17日应邀到"五七"公社中学代课，教初一年级的"社会发展史""宪法"两门课，以为这辈子就当中学老师了。3月23日上午10点多钟，母亲手里拿着一封挂号信，急匆匆地来到我中学的办公室，一进门就冲我大声喊道："老儿子，通知书来啦，你考上大学啦！"办公室里的同事一阵惊讶，纷纷和我这个只做了一周的同事握手，尤其是我当年的中学老师，抑制不住激动的心情，甚至拍了我一掌，这是人生第一次看到母亲如此激动、高兴的样子，更是第一次看到我曾经老师们的激动，有些老师也和我一同参加了高考，可能因为我年轻，记忆力比他们好一些，成为了幸运儿，这是我永远忘不了的一天，幸福的一天。而我的中学班主任王雪云老师，更是我高考成功的恩师，这亦师亦友的情谊，永生难忘！

高考成绩出来后，如愿被第一志愿的第一专业录取了，从此与会计专业结下了不解之缘。

二、知识的天堂：大学

1978年3月28日，在"五七"公社乘坐2个小时的公共汽车到宝清县城，在当时的县联社住了一夜后，29日早上7点在宝清县乘坐至密山县的公共汽车，于当日上午10点多中到达密山县的裴德公社，背着装有行李、洗漱用品的麻袋，沿公路向北步行两公里，来到了黑龙江农垦大学，该校建于1958年，由原国家副主席、时任农垦部部长的王震将军亲自创办并兼任第一任校长，1973年学校由农垦部划归黑龙江省管理，1978年恢复"黑龙江八一农垦大学"校名。1978年该校只设有农学系、农机系、畜牧兽医系、农经系四个系，农经系只招收国营农场财务与会计专业，我们的编号为财会七七中队。接待我们的老师、同学非常热情周到，有同学引导我来到了2号宿舍楼的321宿舍，收拾完行李和床铺已经近中午12点，匆匆去学生食堂吃午饭。令我十分惊讶的是，新生报到的第一餐免费！四两米饭，烧茄子、猪肉粉条，印象极为深刻，这也许是我吃过的最香的饭菜！晚饭后6点左右，我随着其他同学一起坐解放牌卡车去12公里外的密山县火车站接站，走出大山的我第一次见到了高大威猛的火车，令我兴奋不已。

1978年4月3日学校举行了开学典礼，农经系主任李洪昌老师、

第一部分　学海无涯乐作舟

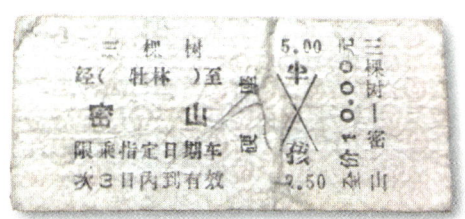

车票

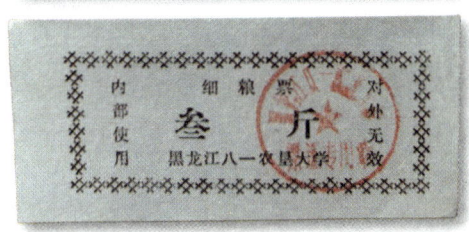

粮票

班主任张雅秋老师分别讲话，对我们这些"文革"后的第一届大学生提出了诸多方面的期望。李主任是抗美援朝转业的军人，张老师是到黑龙江下乡的天津知青。我们财会七七中队共招收108名学生，分为两个小班，我被分到了第一班，班里年龄最大的同学大我15岁，我是班里最小的"老疙瘩"，处处受到大哥哥、大姐姐们的关照和爱护。记得有一次到宿舍一楼的水房洗床单，水房里有四排水龙头，中间一个长条的水泥台子，两边各有一排水龙头，站在我对面的是来自我们一个县的597农场的卞中英同学，她见我像揉面一样洗被单，将被单揉成了一个团团，就转过来告诉我应该将被单打开，抹肥皂，然后一段一段搓，搓好后再用清水冲洗，"洗衣服是三分洗七分投"，我这个在家里连袜子都没有洗过的小孩子，来到大学要完全生活自理啦，后来包括拆洗被褥、缝被褥、补衣服都学会了。就这样，大学生活也变成了我个人生活的培训基地。大学四年中，除了我个人生活能力的提升外，更重要的是在各位老师、学哥学姐的帮助引导下，学会了学习、思考、交流，拓展了知识面，对我触动较大的是以下几个方面：

一是如饥似渴的学习氛围。作为"文革"后入学的第一届大学生，对知识的渴望是人所共知的，我们这个班也不例外。班里90%的同学都是上山下乡的知青或工作过，有些带工资上学，还有的同学已经是三个孩子的父亲，像我这样的应届入学同学不到10%。正是这样的同学结构，使得我这个"小不点"受到这些有过丰富社会阅历的成年人的重大影响，他们中"老三届"基础好，时隔十年后再次得到学习的宝贵机会，具有更强烈的学习欲望，晚上图书馆闭馆后，他们就去我们上课固定且24小时不锁门的教室，许多同学都

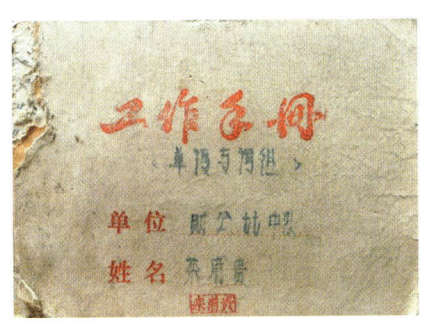

学习到凌晨两三点钟。我的同桌是一位在黑龙江下乡十年的浙江知青,他大我13岁,写一手好字,且阅历丰富,知识渊博,课上课下非常认真刻苦,令我十分敬佩。除了学习,还有很多同学写论文、投稿,由三位同学合作的论文《必须重视国营农场的经营管理》发表于《经济研究》1978年第12期,当时对我们同学的冲击还是挺大的。在这一氛围的熏陶下,特别是我从小学到高中都处于"文革"时期,所学知识非常单薄有限,更加意识到自己的差距,除了刻苦奋进、多向同学学习外,别无选择。四年下来,我各科平均成绩89分,哲学、政治经济学、会计原理、国营农场会计等课程均在95分以上,成为我毕业留校任教的重要条件之一。

二是尽职尽责的老师引导。黑龙江八一农垦大学虽然地理位置偏僻,却有着一批德高望重、恪尽职守的教师队伍,其中有几位当年下放到黑龙江的教授,对外联系也比较广泛,很多新思想、新观点、新视角确实令我们耳目一新,鲜活的教学方法为我后来的教师生涯起到了非常重要的促进和借鉴作用。其中对我影响较大的老师包括田良果、程能润、付晓声、赵纯古、周力田、曾小彬等。

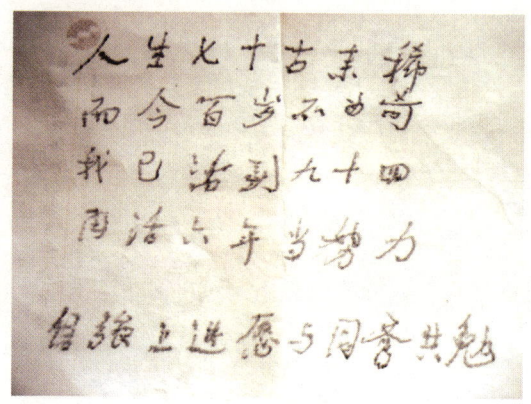

田良果老师94岁生日的亲笔题词（2010年6月23日）

2010年6月23日在北京寿山福海养老院为田良果老师庆生（后排左三为作者）

田良果老师是湖南醴陵人，毕业于湖南大学，曾经在民国政府的中央银行工作十余年，1949年后受聘到东北财经学院，田老师给我们讲授的课程是国营农场会计，这门课分两个学期上完，一共210学时。田老师上课最大的特点是生活化、幽默且深刻，讲到相关会计科目设置与账户设置时，以户口簿为例讲解，说户主就是"田良果"，只是个名称，户主页则是账户，有一定的格式、栏目，包括田良果的性别、出生年月日等信息，令课程内容鲜活生动，也成为我后来讲课的重要思维方式之一。他的课给我们印象最深的一句话是："当会计将来有两院可以选择：或者进医院，或者进法院！"由此道出了会计人员工作的辛苦及职业道德的约束，这句话既成为我教师工作的座右铭，也是我经常转达给我的学生的名句。

程能润老师在我们大一时给我们讲授《会计原理》，从一般会计原理到会计技术方法，均能通俗易懂的教给学生，并将其中的某些理论和方法与企业管理结合起来，将外来原始凭证和自制原始凭证的划分，与农场对外经济业务和对内经济业务联系起来，业务活动带动资金运动或资金运动形成了业务活动，将来还要给我们讲《国营农场财务管理》的课程。程老师给我最大影响的是将相关课程的内容联系起来，将会计与管理、经济结合起来，也是我后来通过讲课实践总结出"比较教学法""辐射教学法"的基本思维源头。遗憾的是，程老师在给我们讲授财务管理前的1979年由于落实政策返程到北京，就职于北京财贸学院。

付晓声老师在大二时给我们讲授《财政与金融》，用的是自己编写、油印的教材，黄皮封面，分上下两册。付老师除了讲授我国财

后排中间为赵纯古老师，赵老师右侧为本文作者

政金融制度演进、分析现行制度外,还介绍一些西方国家的财政金融制度,讲到日本金融制度时,列举了日本企业贷款用于商品包装的事例,日本商店的葡萄都是一公斤左右的包装,用塑料薄膜包好,晶莹剔透,看着就想买,而我们的葡萄是装在箱子里,裸露着。这一中外比较、对比的讲授方式,为我后来上课中和学生提倡的"十字思维"(古今中外)奠定了基础。另一个使我至今记忆犹新的是,有一次在主楼一楼阶梯教室上课,课间休息时付老师一直没有离开座位,在看一本杂志。上课铃声过后,付老师手里举着《经济研究》杂志,和我们说:大家看杂志没必要每篇都看,先看杂志目录,感兴趣的或有疑问的再找到这篇文章,看引言段,再看各个标题,大致可以了解作者的基本思路,再看后面的结论,就知道作者的基本观点了,如果需要详细了解,再看文章的具体内容,这样既可以提高阅读速度,也不至于遗漏主要观点,课间这十分钟我就看完了这本杂志。付老师的这一阅读方式使我受益至今。和程能润老师一样,付老师在给我们讲完《财政与金融》这门课程后,也因落实政策于1980年2月回到了辽宁大学,在日本研究所工作。付老师临行前,我们全班同学为其送行,并留了合影,极为不舍。

赵纯古老师本来是辽宁大学的老师,1980年上半年,受付晓声老师的邀请给我们讲授一个学期的《资本论》(第一卷)。赵老师操着一口辽宁话,通俗易懂地从商品、货币、资本、资本循环、资本周转一直讲到社会再生产,使我们对大一时学的《政治经济学》有了更加深刻、全面、系统的理解,其系统的、批判的思维方式和生活化的课程讲解给我留下了深刻的印象。例如,在讲到社会分工时,赵老师以家庭妇女做鞋为例讲解:如果从纳鞋底、做鞋帮到缝制都

欢送付晓声老师（照片第三排右数第八位是田良果老师，第九位是付晓声老师，最后一排右数第十位是作者）

是由一个人完成，三天可以做一双鞋；如果这三样工作分别由三个人完成便可以大大提高工作效率，平均下来每个人一天可以完成一双鞋的生产。这些思维和讲课技巧也被我应用到了后来的大学授课中，也是我比较受学生欢迎的原因之一。现在我在给本科生讲授合并报表中的抵消分录时，也用家庭成员之间的关系讲解，收到了省时、省力、鲜活、直观的好效果。

周力田老师给我们讲授《国营农场财务管理》，其严谨、严格、严肃的授课风格以及刻苦努力、不甘人后的学习精神深深感染着我。周老师在给我们讲课之前是黑龙江省云山农场二队的会计，中专毕业，基础不算太好，但周老师的自学能力、自我约束能力超强，专业水平非常高，因而被调入我们学校讲授财务管理课程。当时周老师已经39岁。周老师的课堂上，每一个章节结束都有一段本节小结，他不仅上课守时，下课也守时，下课铃声响过，周老师也讲完了，其备课的充分以及时间把握的精准度令我们非常佩服。当时校区和老师的生活区在一起，我们经常去任课老师家做客并请教问题，甚至有时候在老师家吃晚饭，师生关系非常亲密，只有周老师例外，我们很多同学反映，晚上去周老师家（住平房），明明看到屋里亮着灯，老师也在家，但门却是反锁的，叫门也不开。后来我们才知道，周老师晚上谢客的主要原因是没有时间接待我们，他在忙着学习、备课，他说自己基础不太好，需要更加努力学习才能讲好课，不被其他老师落下。正是这种不懈努力和拼搏的学习精神，使得周老师教学科研成绩非常突出，1981年在农业出版社出版了《国营农场生产队怎样编制财务计划》专著，在《会计研究》1985年第3期发表了《关于"资金"和"基金"的讨论》一文，这在当时的农经系老

黑龙江八一农垦大学主楼前（左侧为作者）

黑龙江八一农垦大学附近的青年水库

师中非常罕见。我留校后被分配到财务管理教研室，1982年下半年为周老师给财会1979级的财务管理课程助课，周老师刻苦努力、不畏艰险的学习精神和精益求精、一丝不苟的治学精神一直是我学习的榜样。

曾小彬老师教我们《马克思主义哲学原理》，其中世界的本源、辩证唯物主义、历史唯物主义、真理等思辨性内容令我十分感兴趣，而曾老师风风火火的性格以及上课时对内容的熟悉、伶俐的口才、灵活的思维及缜密的思辨更让我迷恋上了这门课。当时我们每个班都有固定教室，晚上还有老师辅导答疑。有一次晚上答疑时，曾老师来到了教室，坐在一个课桌边，问大家有啥疑问或问题没有。我拿着教材坐到曾老师对面，向曾老师请教的问题犹如昨日：咱们上课讲，物质是独立于人的意识之外的客观实在，那么意识是什么呢？意识本身是不是物质呢？曾老师说，意识属于精神层面，当然不属于物质。我反问，意识是人大脑的产物，那么大脑是不是物质呢？如果大脑是物质，意识又来源于大脑，那么意识是不是也属于物质？如果这样，除了物质就还是物质，哪来的精神呢？……我们争论了足有半小时，并没有结果，可能是我"初生牛犊不怕虎"，敢于这样当面与老师争辩而且是与女老师争辩，曾老师不但没有责怪我，反而肯定并鼓励了我的这些想法，这让我有了更大的胆量和其他老师或同学争论问题，大大提高了我的批判性思辨能力和兴趣。那学期我们还开设了《政治经济学》，该门课分为上下两个部分，上部分讲资本主义（由李健之老师主讲），下部分讲社会主义（由许勤彪老师主讲），期末采取小论文方式结课，我写的论文题目是《论社会主义竞争》。当我将论文交给许老师时，他一看我的题目就说，

大学本科毕业照（后排右数第 11 位为作者）

"竞争"是和私有制相联系的,是资本主义的经济范畴,我们应该是"竞赛"。我争辩说,社会主义并没有完全消灭商品,只要有商品就会有商品交换,就会有价值规律,也就会有竞争。这是我大学期间印象最深的两次与老师的争辩,而这两位老师都极为"豁达",我的哲学课考试得到96分,政治经济学成绩为"良好",这样的教学态度和风格也沿用到了我的教学之中,鼓励同学的提问、争辩,培养同学们独立思考、善于思考的精神。

三是不计领域的知识拓展。作为国营农场财务与会计专业,在我们的教学计划中设有农学、农机、畜牧兽医三门入门级课程,大致了解了动植物的生长过程和规律,了解了拖拉机、收割机、农业机具的基本构造和工作原理,为我们学好农业会计提供了重要的业务流程知识,但专业方面的拓展却远远不够。我们当时专业课的教材都是任课老师自己编写的,英语课本也是如此,编写后由学校印刷厂印制。由于历史原因,黑龙江八一农垦大学在1969年被撤销,1973年复校,很多老师从农场回到学校重新拿起了教鞭,但学校的图书损失惨重。由于是农业类大学,图书馆里主要是农学、农机、畜牧兽医等方面的书籍,经济管理类图书极少。好在1978年我们入校时农经系建有一个资料室,设在主楼四楼东侧一间20平方米左右的房间里。资料管理员是博学多才的师怀绮老师,他作为一个老大学生,对经济管理有着非常深刻的理解,只是由于其患有严重的腿疾不能上讲台,我们成了非常要好的忘年交,以至于他把资料室的钥匙也交给我一把。就这样,除了上课、做作业外,我主要泡在资料室,这里虽然主要是财经类图书,但会计书籍很有限,经济管理类图书也不多,最后我将1958年"大跃进"时期、"文革"时期的书也看遍了，还看了一些哲学、政治经济学、人文方面的书，了解了康德的道德观及其天文方面的成就和思维，这些"杂书"的涉猎极大拓展了我的视野，教学和研究中也会想到其他相关学科的关联，尤其是利用天文思维、哲学思维理解会计思维，都源于这一时期的"跨界"阅读。

三、交流的财富：进修

为了加强师资队伍建设、提高教师教学水平，20世纪八十年代初我们学校在北京大学西门外的娄斗桥4号院租了三间房，作为进修教师宿舍。根据单位的安排，1983年2月28日我乘坐哈尔滨到北京的18次特快到达北京站，当时在中国人民大学进修的张鸣、在中国农业大学进修的贾东平专门来车站接我，帮我取托运的一大麻袋行李物品，他们分别是我们学校社科部、牧医系的教师，也住在娄斗桥。我报到的目的地是中国人民大学财政系的会计学专业，主修管理会计、西方会计课程，进修期限是一年，在北京大学西门乘坐332路公交车往返于人大和住处。

在中国人民大学进修的这一年，最大的收获是体会到了"交流"的意义。

一是学术交流。我所在的黑龙江八一农垦大学，地处偏僻的黑龙江省密山县裴德镇，距离中苏边界的兴凯湖只有60公里，学校校址原来是日本关东军的一个坦克营，建校时利用了现成的上下水系统和一些房屋建筑物，周边是一片片的农田，极少有学术报告。来到北京进修后，在中国人民大学、北京大学的广告栏中，几乎每天

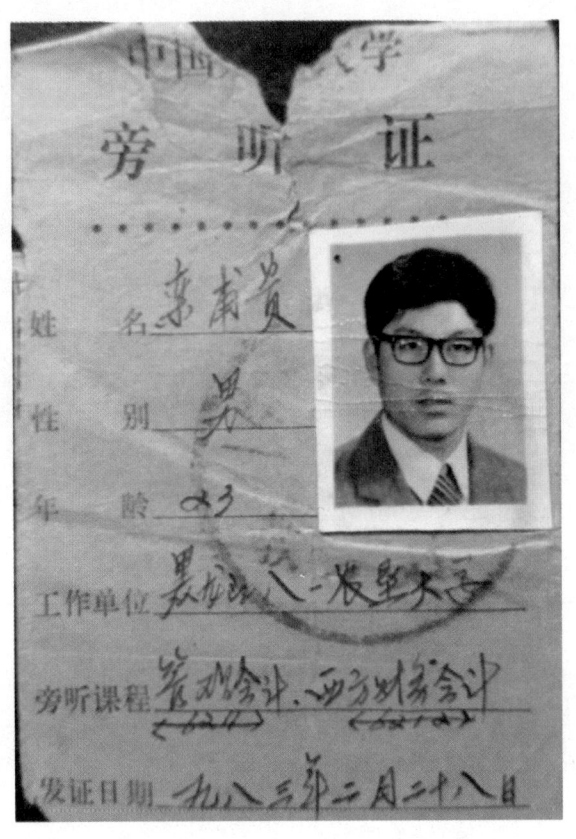

都能见到学术报告的预告,旁听了大约十几场报告,其中印象最深刻是在中国人民大学听取了陈共教授关于我国财政体制改革的报告,在北京大学旁听了千家驹、萧灼基等教授关于经济形势、经济体制改革等方面的报告,千家驹所讲的"3%左右的温和通货膨胀有利于经济发展"的观点,至今萦绕耳边,第一次接触到西方经济学等新鲜知识,大大开阔了眼界,让我耳目一新,也从此养成了关注经济学、管理学及其对会计影响的习惯。

第一部分　学海无涯乐作舟

二是教学交流。一年中在中国人民大学全程旁听了管理会计（汪家祐）、西方会计（陈云震）、会计理论专题（阎达五）、工业会计（贺南轩）、财务管理（王庆成、顾志晟）、资本主义财政学（徐国微）、资本主义货币银行学（林与权）、工业企业经营决策与计划（徐昶）、社会学概论（孙立平）等九门课程，由于租住在北京大学西门外的娄斗桥胡同，还抽时间在北京大学旁听了价格学（王永治）、市场学（杨岳全）等课程。其中除了工业会计、财务管理等本科时学过一些外，其余课程均是第一次听说，更别说了解其内容了，

惊涛骇浪志不移

而工业会计我们当时只是"部门会计"的一部分，财务管理我们只讲国营农场财务管理，无论内容、深度和广度都与之相差甚远。由于是进修教师身份，在听课时除了把握课程内容外，还特别注意教学技巧、教学方法，也利用课间与授课老师交流学习，体会了人大细腻、北大灵活的教学风格。可以说，这些课程的学习不仅极大拓展了我的专业视野、丰富了我的知识结构，还让我学到了很多优秀的教学思维、教学方法、教学手段和敬业精神。

在人大进修的五门专业课各有千秋，其任课老师的研究方向、教学方向非常专一，体现了专而精的特点和优势，对我后来的教学思维、专业思维乃至科研方向均产生了较大的影响。

汪家祐老师的管理会计，一方面站在管理角度讲解会计信息的利用，剖析我国会计制度中全部成本法与西方会计中完全成本法的差别，让同学立足中国国情学习来自于西方的管理会计。陈云震老师的西方会计教材是其自编、油印的四大本16开纸的教材，上课时采用胶片投影的方式，还可以在胶片上面写字、涂改，这是当时最先进的教学手段了，陈老师讲课灵活、嗓音洪亮、前后连贯，像看电影一样不知不觉结束了一节课。阎达五老师的会计理论专题，以会计管理为主线，论证会计本身的管理作用以及会计在管理中的作用，"企业中有物资管理、技术管理、人事管理、生产管理等管理，会计作为一个职能部门，为什么不能有会计管理呢？""财务是企业再生产过程中的资金运动及其体现的经济关系，而会计对象是资金运动，所以会计管理的对象也是财务，财务是会计的一部分。"以这种逻辑推理认识问题、研究问题，让我为之一振，此外，阎老师通

常坐着讲课,这也是与其他老师的不同之处。贺南轩老师的工业会计是一门"大部头"的课程,内容多、课时多,分两个学期讲。贺老师讲课时沉稳镇定、深入浅出,无论多么难理解的内容,听起来都通俗易懂,展现出贺老师深厚的专业功底和高超的语言表达能力。王庆成、顾志晟老师的财务管理立足计划经济体制,讲解资金、成本、利润等方面的管理制度和理论,王庆成老师讲课时很少关注学生的表情,大多时候是看着天花板讲,而同学们依然津津有味地听着、记着,这就是"大家"的魅力,是"实质重于形式"的体现。顾志晟老师的讲课风格极为活泼、自由,高大的身材配着各种手势和表情,使得课堂气氛极为活跃。

在北京进修期间,我还在王府井锡拉胡同的外文书店买到了一本英文影印版的《管理会计导论》(Managerial Accounting an Introduction),并完整翻译成中文,不仅提高了英语水平,还将其中的主体内容编译成《管理会计导论》,发表于当时的内部半年刊《垦区财会》1983年第2期,第一次将自己写的文字变成铅字,也成了自己发表文章的处女作。

三是校际交流。我们在北京租住的娄斗桥4号是一个小四合院,除了房东一家三口外,其余十余人都是来北京进修的教师,分别来自辽宁抚顺石油学院、山东烟台的一所银行中专学校和黑龙江八一农垦大学,涉及经济、管理、人文、哲学、会计等诸多学科,每天早上我们各自去进修的学校,晚上回来大多在院子里"聊天",不同学校、不同专业、不同年龄、不同经历的碰撞,使得这个小院里既

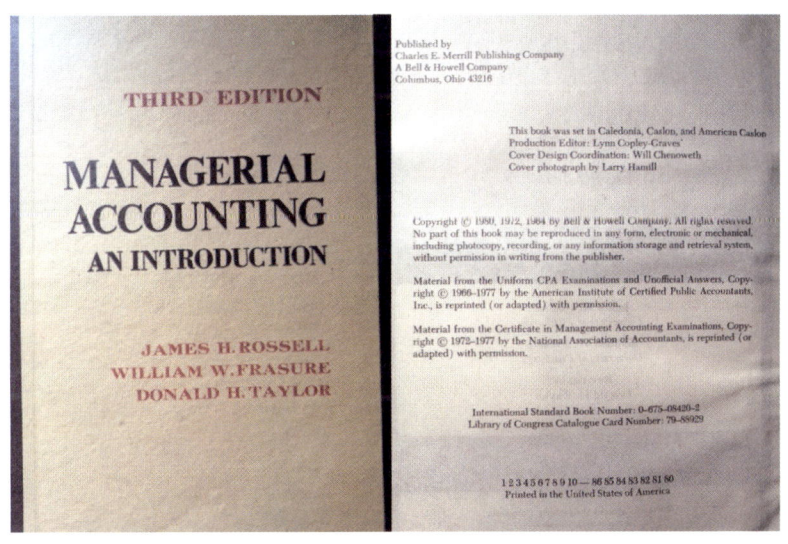

充满欢笑，又充满争论、争吵的声音，从天文地理到相关专业的问题讨论，真是不亦乐乎，从中了解了不同人、不同角度对同一个问题的看法，促进了思维的改善。

在北京进修时住在娄斗桥4号的部分老师（前排右二为作者）

四、思维的更新：读研

1982年1月毕业留校任教时，由于学校担心读研毕业后师资流失，故不允许考研。1983年教育部发布了在校教师可以经过正常考研、定向委培的政策，由此我获得了难得的考研机会。按照我所在学校的安排，当时农经系有两位教师在外进修，除了我在中国人民大学进修外，还有一位教师在上海财经学院进修，随即安排上海进修的同事报考上海财经学院的研究生，安排我报考辽宁财经学院的研究生。1984年1月从中国人民大学进修后回到黑龙江八一农垦大学，参加了当年的研究生考试，并很荣幸地被录取。

1984年9月22日，我乘坐36个小时的火车，来到了位于大连黑石礁的辽宁财经学院会计系报到，开始了为期三年的研究生学习生涯，导师为邓延芳教授。邓老师除了指导我的学习和专业研究外，在生活上也给予我无尽关怀。记得1985年1月的寒假前去邓老师家辞行、聊家常，临走时邓老师塞给我两瓶果酱，说带回家尝尝，这是我平生第一次吃到果酱！老师的这些优秀品格一直是我学习的榜样，也沿续到我的教学生涯中。作为圣约翰大学的高材生，邓老师坚实的英文基础令我崇拜又敬仰，尤其是开放、灵活、超前的思维和视野，更值得我学习一生，这也是我能够定位于破产会计研究的

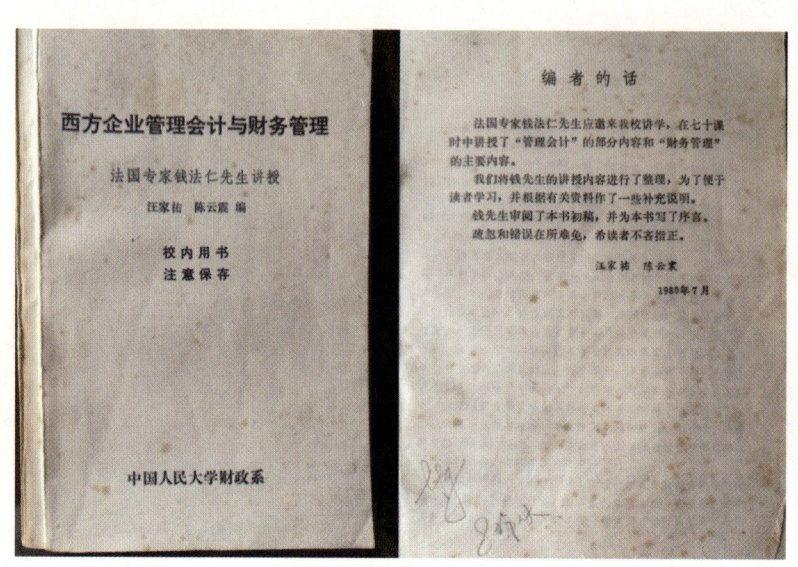

重要支柱。

　　东北财经大学（辽宁财经学院）是我学业进步的重要摇篮，王盛祥、谷祺、邓延芳、欧阳清、夏乐书、沈其煜等诸多恩师的言传身教，令我在专业执着、人生态度、生活方式、品德修养等方面受益终生。王老师的《成本会计》、谷老师的《企业财务管理》、邓老师的《中外合资经营企业会计》、欧阳老师的《经济活动分析》、夏老师的《经济核算与经济效果》、沈老师的《审计学》等课程，至今历历在目，每位老师明晰的研究方向、独到的专业解读、坚毅的奋斗精神、和善的待人风格，给我们树立了难得的榜样，是我们的"男神""女神"！印象更深的是，谷老师的财务管理课教材［主要以中国人民大学1982年9月校内印刷的《西方企业管理会计与财务管理》（钱法仁讲授，汪家祐、陈云震编）为蓝本］，虽然我1983年在中国人民大学进修时购买过，但尚没有系统、认真研读，通过本门课程的学习，得以真正开阔了我的思路，弥补了大学期间的知识空白，开启了学术研究应该中西结合、西为中用、取长补短，西方财务管理的"今天"就是我们财务管理"明天"的意识，促使我更深入思考中国问题、解决中国问题，为我后来研究破产会计奠定了思维上的基础。

正是这三年的研究生学习，拓展了研究视野，奠定了研究方向，更新了思维方式，甚至决定了我的人生轨迹。

聚焦思维。大学毕业留校时将我分配到财务管理教研室，在中国人民大学进修时又安排我主修管理会计和西方会计，今后我的教学方向和研究方向定位于会计还是财务管理？抑或定位于会计或财务管理的哪一个专题？在我读研之前一直困惑不已。在人大进修时了解到大多数老师都有比较集中的研究领域和教学方向，来到东财读研后不仅发现了同样的规律，而且有的老师的研究范围更加具体、主讲课程更加聚焦，如欧阳清老师集中于企业经济活动分析的教学科研，王盛祥老师精于企业成本核算与管理，邓延芳老师则聚焦于中外合资企业会计的教学和研究。明确教学重心和聚焦研究方向，可以更深入地研究某一领域或问题，经过持续实践和探索，会有更多的新发现，为教学科研做出更大的贡献，这为我后来长期、持续地研究企业破产会计起到了无形而深远的影响。

发散思维。聚焦教学和研究不是缩小视野、坐井观天，而是聚焦一点后，从不同角度、不同领域、不同学科分析认识这一问题，并观察分析这一对象的外部性影响。王盛祥老师的成本会计课，除了一般成本会计理论和方法外，更多的会联系到企业的生产工艺、管理要求，讲解"生产费用表"时，联系到对国民收入核算的影响、对财务计划的影响等，还从成本核算制度的变化中分析这一报表格式和内容的变化，这种从微观到宏观的联系分析及其相互作用的思维，给我留下了非常深刻的记忆，这些发散性思维也应用到我的本科、硕士、博士授课中，渗透到破产会计的研究中。

开放思维。20世纪八十年代是我国对外开放、思想解放突飞猛进的时期，管理会计、西方财务会计以及西方经济学、西方管理学快速涌入我国的高校甚至企业，高校里出现了诸多专业的外教，并聘请外国教授讲座。1985年我们很荣幸请到了日本九州大学的西村明教授，给我们讲管理会计，除了常规的管理会计理论和方法外，西村明教授还给我们讲授了增减记账法在管理会计中的应用，这让我们十分意外。诞生于中国的增减记账法传到日本后，居然有学者研究这一方法在管理会计中的应用，足见日本学者思维的活跃、吸收和改造外来文化的能力。我们在听欧阳清老师的经济活动分析时，欧阳老师向我们推荐了一本日本学者撰写的《经营分析》，其中一个分析指标至今印象深刻，这一指标叫作"固定长期适合率"，是固定资产除以固定负债与自有资本合计的比率，反映企业固定资产的资金来源的稳定程度，向西方先进的科技和管理经验学习，是那个时代的经济主旋律之一，事实证明这一开放策略对促进我国经济发展和管理水平提升起到了非常重要的作用。我们所设置和学习的课程中，大多都是中外比较性质，吸收西方先进合理的理论和方法，如中外合资企业会计就是中外会计制度的融合，财务管理中引进了货币时间价值理论和方法，成本会计中加入了责任成本、变动成本，

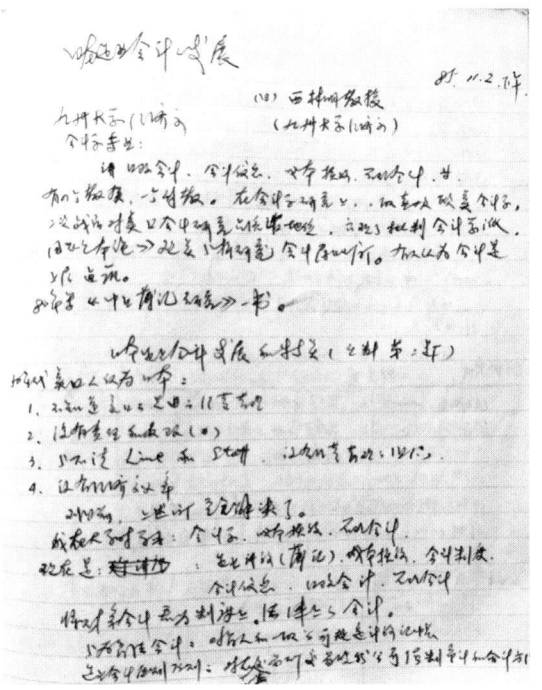

经济活动分析中引入了西方的分析方法和理念,审计课中也讲授了西方国家审计制度,等等。开放促进思考,开放推动融合,开放加快进步,破产法源于西方国家,破产会计也是如此,破产会计及其研究正是开放思维的结果。

交流思维。读研期间,东财研究生会编辑出版了内部刊物《研究生经济学刊》,刊登在校研究生的论文习作,在这里可以看到各个专业研究生同学的论文,我也在1985年、1986年分别发表了《西方国际会计协调》与《略论审计的性质及其机构体系》,各专业研究生还为本科生举办各种"学术报告",加强与本科生的联系,有时候也会有一些学校的老师、不同专业的研究生参加,学术交流氛围非

硕士论文答辩

硕士答辩后与邓延芳老师合影

常浓厚,科研论文的写作也呈现出百家争艳的良好环境,同学之间经常研讨社会经济和论文写作的问题,据说我们隔壁宿舍一位计划统计系的研究生同学,三个晚上就写出了一篇论文,读研期间共发表了六篇论文,其中两篇发表于《经济研究》!虽然我没有发表过高级别杂志的论文,但在数量方面还是有点成绩的,读研期间在公开刊物和内部期刊大约发表了20篇小论文。这一积极向上的学习、科研环境对我的带动及促进作用非常巨大,对我后来注重参加学术会议、交流学术论文也产生了深远影响。

求是思维。"求是"也是"求实",是发现真理、坚持真理、遵守规律。1984年12月20日,党的十二届三中全会通过了《中共中央关于经济体制改革的决定》,要求建立多种形式的经济责任制,积极发展多种经济形式、进一步扩大对内对外的经济技术交流。在这一政策驱动下,很多国营企业开始试点实施成本管理、经济效益的责任制,试行责任成本核算、变动成本核算,探讨这些成本核算如何与产品成本核算结合、解决"两张皮"的问题。为此,王盛祥、欧阳清、谷祺等老师组织我们去大连造船厂、大连电缆厂、抚顺机械厂等企业调研。

最令我感受到"求是""求实"思维的,还是我的硕士论文选题、写作及答辩。1984年12月初,在东北财经大学图书馆偶然看到刊载于《社会科学》杂志中署名为"曹思源"的文章:《关于制定破产法的建议》,文中论述了实行企业破产法的必要性、破产法的轮廓设想、破产警戒线、破产管理机构、破产整顿、破产倒闭处理及破产救济制度等问题,其中谈到,宣告破产倒闭之后,监管会立即

硕士论文答辩后的师生合影

全面接管企业，核实破产企业资产负债情况，提出破产资财分配方案，变卖破产资财，按照债权比例分配破产资财，分配后未得到清偿部分依法豁免，破产人不再承担清偿责任，如果破产资财总额大于负债，其余额归原生产资料所有者处理。这一文章提出的论点论据新颖、超前、令人信服，由此想到一个问题：如果企业破产，相关的会计问题、财务问题该如何解决？随即复印了这篇论文，拿给邓延芳老师，请教有关破产会计的问题。邓老师思考片刻说，解放前就有破产会计，有破产就必然有破产会计，潘序伦出版的《会计学》中就有破产会计，随后她从书柜中拿出潘序伦1935年修订出版的《会计学》（全四册），其中共七章内容涉及破产会计，包括第六十三章"清算概说"，第六十四章"清算资产负债表之编制"，第六十五章"清算事务之处理及其记录"，第六十六章"清算决算表册之编制"，第六十七章"剩余财产之分配"，第六十八章"和解会计"，第六十九章"破产会计"，阐述了一般清算到破产清算的会计处理。邓老师说，你可以拿去看看，我如获至宝一般，回到宿舍认真研读起来，将这些章节一一复印下来后把原书还给邓老师，并向邓老师请示："邓老师，如果我的硕士论文写破产会计方面的问题，您看可以吗？""当然可以呀，这个问题现在还没有人研究，但很值得研究，不过我们国家现在还没有破产法，研究这一问题可能要担一定风险。"邓老师稍加思索后表明了态度，我说："没关系，咱们国家现在不也提商品经济吗？有商品经济就有竞争，有竞争就有优胜劣汰，估计破产法会发布的，即使暂时不发布破产法，研究这一问题也一定很有意思，干什么都会有风险的。"邓老师看我对研究破产会计很有兴趣，又有决心，就说："那好吧，你先研究研究看看。"有了邓老师的首肯，我就更有信心了。从那以后，我便开始密切关注和收集破产方面的信息和资料，尤其是国内外破产法规、破产实践、破产会计等方面的资料，调研破产企业，拜访破产专家，逐渐确立了破产会计研究方向，1987年7月2日顺利通过了硕士论文答辩。

1998年硕士同学大连聚会

2008年参加学术研讨会并看望老师（由右至左：刘明辉，夏乐书，谷祺，欧阳清，邓延芳，栾甫贵，周守华）

五、视野的拓展：读博

读博是我人生的又一个重大转折点。读博期间给我的重大影响便是视野的进一步拓宽，从于玉林老师的"大会计"到徐守勤老师的财政金融、王晓琳老师的社会科学研究方法，将我对会计的认识和理解拓展至经济、管理、哲学等领域，也是我后来提出会计教育中人生教育的重要灵感来源。

"大会计"的启迪。2000年师从天津财经大学于玉林教授，攻读博士学位。于老师的"大会计"观及哲学思维，将哲学、经济学、法学、系统工程、人本等学科与会计结合起来研究，探讨会计哲学、会计经济学、会计系统工程学、人本会计学、会计法学、会计方法学、会计教育学、大会计科学和广义会计学等跨学科、交叉学科问题，思维敏捷、敏锐，所保持的"童心""好奇心"令我印象极为深刻，从中受益良多，为我后来的破产会计研究拓展也提供了重要的思维源泉。回想起来，与于老师的交往始于1990年。当年于老师组织编写《现代会计百科辞典》，来信建议我写"破产会计""农业会计"词条。借1992年7月去长沙参加中国中青年财务成本研究会年会的机会，在北京转车，专程去天津向于老师呈交书稿并拜访于老师。记得在天津财经大学综合教学楼的《现代会计》编辑部第一

博士毕业同学与于玉林老师的合影

次见到神采奕奕、和蔼可亲的于老师，我简单的汇报得到了于老师的肯定和赞扬后，令我紧张的神情放松下来，将近一个小时的交流，使得我对于老师产生了更深的敬佩之情。

1994年调入天津商学院会计系工作后，同于老师的交往更加密切，1995年于老师发起成立了"天津会计教育研究会"，于老师任会长，我也荣幸的担任了副会长，同年我在于老师主编的《现代会计》杂志发表了《会计美学初论》一文，以致后来读博期间论文选题时，于老师建议我写会计美学，但由于2000年12月29日财政部发布了《企业会计制度》，其中吸收了四项成熟的会计准则，会计制度与会计准则的关系问题比较突出，我便没有听从于老师的建议，主张以"会计制度研究"为题做开题报告。于老师听了我关于开题的想法后，并未强求我一定要写会计美学，而是尊重我的意见和选择，并给我提出了若干关于会计制度写作的建议，这令我异常感动。于老师的这种宽容大度、尊重他人的优秀品格对我后来指导研究生、博士生产生了非常重要的影响。读博的三年期间，于老师一直称呼我为"栾老师"，令我自愧且不自然，于老师却说："你在你们学校就是当老师的呀。"这又给我一种平等待人、与人为善的教诲。恩师的言传身教，令我没齿难忘。

财政金融的新解。以往我理解的财政金融是国家宏观层面的财政政策、货币政策，是国家宏观调控的重要手段。而听了徐守勤老师的这门课后，令我确实耳目一新。由于徐老师兼任学校研究部主任，为了教学、工作两不误，这门课的上课地点都在他的办公室。徐老师坐在办公桌前，我们同学就坐在沙发或周围的椅子上，先由徐老师讲一段课程内容，然后大家一起讨论、发表观点，而徐老师的很多观点和表达方式都令我们感到意外，但更加深了对相关问题的理解。记得有一次徐老师讲，金融是经济的血液，财政是国家的天平，金融要求畅通有效，否则国家就会因"心梗""脑梗"而暴发金融危机甚至经济危机，财政讲求收支平衡、目标明确。话锋一转，许老师谈到，世界也是在平衡、打破平衡、再平衡的循环中不断进步演化，每个人都是平衡的，普通百姓虽然地位不高、金钱不多，但拥有更大的自由度和选择余地，高官、富人尽管显赫，但失去了很多自由和个性选择。这些观点朴素而现实，对调整心态很有帮助。联想到破产企业、破产会计，道理是想得通的，企业进入破产界限意味着经营失败，通过破产和解、破产重整的成功恢复正常经营，实现再平衡；或者通过破产清算实现债务解脱，投资人可以重新注册企业进行新的经营活动，实现新的平衡。平衡无处不在，不平衡无处不在，会计也充满了各种平衡。会计目标强调会计信息供给与需求的平衡，实现会计目标需要利用相关会计核算方法，而各种会计核算方法本身也是一种平衡。例如，会计中的借贷记账规则是平衡，账证相符是平衡，总账与明细账的平行登记是平衡，账实核对是平衡，资产负债表是平衡，利润表也是平衡，只是利润是正的平衡、亏损是负的平衡，如此等等。社会也是在平衡与不平衡的矛盾冲突中不断协调发展的，现在强调环境保护、生态文明也是追求一种平衡，人生何尝不是如此呢。

　　研究方法的拓展。王晓琳老师给我们讲经济发展史，在讲课过程中通过斯密、李嘉图、马克思、马歇尔、马尔萨斯等经济理论的阐述，归纳了他们的研究方法，讲课非常富有逻辑性，并重点向我们推荐了社会科学研究方法,知识是"鱼",方法是"渔"。于是我购买了《社会科学研究方法》,全面了解社会科学的对象、性质、社会科学方法论的历史演进以及常用的社会科学研究方法,其中的质疑方法、结构——功能主义方法等给了我很大启发,无论对我博士论文的写作还是对我破产会计的研究都具有非常实在、深远的影响,博士论文《会计制度研究》的体系设计以及系统性、质疑性研究正是受这些研究方法的启发,破产会计中破产拯救会计、破产清算会计体系的设计以及后来的破产重整价值评估研究、破产清算内部控制研究、僵尸企业清理的研究等,大多得益于结构——功能主义方法。

第二部分 教书育人登高楼

一、初登讲台：畏惧

按照正常学制，我们本科毕业是1982年1月，但由于我所在的黑龙江八一农垦大学地处偏僻，"文革"中又被撤销，一批落实政策的老教授纷纷回城离校，使得学校的师资队伍捉襟见肘，急需补充专业教师，而临时从校外大批调入又不现实，所以学校决定从我们这届毕业生中选出一些同学留校任教，我不仅有幸被选中，而且于1981年7月就确定留校，并安排我从1981年9月开始到1982年7月去农场担任挂职会计一年。就这样，我和另一名留校的同学来到了黑龙江850农场，挂职部门是农场财务科。我们住在财务科对面的农场招待所，离办公室近，每天早上上班前到办公室拖地、擦桌子、打水，像实习生一样勤奋。由于农大属于省教委和省农垦总局双重领导，也是农垦系统的一员，财务科中有的会计也去农大进修过，我们相互之间有一种自然的亲切感，李岩科长、吴旭东副科长对我们非常热情，科里的戴明德会计、凌云会计、姜德福会计、刘军勇会计、冯家英会计、李莉会计等都不遗余力地帮助我们，和我们交流专业问题。当年9月、10月份跟随老会计去农场的木材厂、奶粉厂、糖厂等场部直属和一些连队参与查账、财务大检查工作，木材厂的张太会计、齐建云会计等给予了我们非常大的业务帮助和工作支持，都成了好朋友。11月开始去农场第29连跟随郭锡绶会计参与年度决算的编制工作，住在连队的知青宿舍，每天去队部的会计办公室向郭会计学习交流。郭会计是湖南人，由于支边来到了北大荒，虽然50岁出头，但精力旺盛、业务水平非常高，是850农场少数德高望重的老会计之一，他还时常请我去他家里吃饭做客，师母待人也很热情，每次去都泡一壶至今难忘的清茶，做很多好吃的，形同一家人。1982年1月初编制完连队决算后，我便回到场部财务科参与农场决算汇总工作。半年的紧张工作，真正让我了解了农场的机构组织、部门设置、农林牧工渔的关系及其主要财务工作内容，学到了很多在学校接触不到的新知识和为人处世的道理，与农场财务部门的领导和全场会计人员建立了朋友般的关系，也得到了农场领导、财务科领导的信任。在1982年春节后的农场财务人员培训班中，我们两个挂职的老师还被特邀担任主讲教师，由我主讲《国营农场会计》，那个老师主讲《经济活动分析》。

培训班教室设在农场职业中专的二楼，大约60名学员，来自农场各个部门和连队的财务人员，大多数学员的年龄都比我大。这是我第一次登上会计课的讲台，一方面感觉自己对会计的学习还不够深入，另一方面是在座的都是农场实际工作单位的会计或出纳员，很怕讲错了"出洋相"。站到讲台的那一刻，看到下面黑压压的一片人在望着我，心跳急速加快，腿开始不听使唤的直打哆嗦，一节课下来后几乎不能站立。好在学员中有不少我熟悉的会计人员，不知是鼓励我还是真的认为我课讲得好，有好几个学员课下说我讲得非常好，内容透彻、清晰、简洁。在接下来的近一个月时间中，我逐渐适应了课堂讲课，渐入佳境，课间课后与学员的讨论、交流也更加频繁，虽然有时候结合农场实际讲解农场会计，但也只是将教材中的内容讲清楚而已,最大的收获是敢上讲台了,敢在大庭广众面前讲话了。有了这次经历后,也促使我更加深入的学习、研究会计问题,对农场的会计、财务问题有了更全面、细致和具体的理解。1982年9月挂职结束回到学校,给周力田老师的《国营农场财务管理》助课,当时授课对象是财会1979级,该班60人左右,年龄最大的是1954年生人,长我7岁。我坐在班里最后一排的班长身边,每节课认真听讲、认真记笔记,因为我要负责答疑、批改作业和讲解作业。尽管有850农场讲课的经历,但现在是给大学生辅导答疑、讲解作业,而且周老师还在身边听着,生怕讲错被老师批评,被同学笑话,所以刚开始还是很紧张。在周老师的鼓励、帮助以及同学们的积极配合下,完成了一个学期的助课工作,得到了大家的好评,上课的自信心也大大提升。

1984年1月参加研究生入学考试后,就是漫长的结果等待。3月份开始为60人的财会1980级主讲《管理会计》,第一次为本科生正式讲课,该门课程40学时,我与另一个老师各20学时,我讲前半部分,他讲后半部分。有了前面为农场会计人员的培训及助课经历,这次讲课的心里平静多了,但这门课无论对于学校还是我个人都是一门新课,按照常规教学程序,备课、讲课、答疑、批作业、考试等各个环节一丝不敢怠慢,每节课写7页稿纸左右的讲稿,参考在人大进修时汪家祜老师的教材和笔记,顺利完成了这次本科教学任务,得到了系领导及同学们的高度认可。完成半学期的本科授课任务后,6月份又开始为51人的1983级国营农场场长班讲授60学时的《会计原理》,由于授课对象是大多没有学过会计且身为农场的场长或副场长等管理人员,因而他们非常重视会计,学得格外认

1983级国营农场场长班座位图

58

真。他们大多数年龄都比我大得多,但我并没有感觉到特别紧张,由于有了前期的讲课经验,反而显得更加自信和自然,讲课效果也得到了学员们的大力赞扬。遗憾的是,由于学员们学得非常好,也由于考试经验不足,该门课程计划2个小时的考试,结果不到一个小时就全部交卷走人了,虽然那时候没有教学事故这一说法,也没有领导、学员指出这一问题,但仍然让我心里十分愧疚,有一种严重失职的自责,这给我教学工作的严谨性敲响了警钟,使我深刻认识到每一个教学环节都不可粗心大意,必须认真对待。

上述几段教学经历,让我从畏惧讲台转向了解讲台、熟悉讲台,但仍然是青涩的"鲜肉教师",除了登上讲台的时间较短外,更重要的是对知识的理解不够透彻,对知识的运用不够灵活,对知识的创造不够注重,直到三年后真正对讲台有些领悟。

二、领悟讲台：交流

  1987年7月我从东北财经大学硕士毕业后，又回到黑龙江八一农垦大学继续任教，在此之前的寒假期间，还为黑龙江省859农场会计班讲授了40学时的《会计原理》和60学时的《经济活动分析》，1987年8月暑假，为黑龙江省迎春机械厂会计班讲授40学时的《财务管理》和60学时的《经济活动分析》，9月份开学后为财会1985级讲授了70学时的《工业会计》。在东财和各位老师的培养指导下，经过三年研究生的学习和思考，对会计专业及专业课程有了更深入的理解和感悟，经过前期给本科生、实务单位的会计培训，对会计理论、会计实务与会计教材的差距有了更直观的了解，对不同授课对象的特点和需求有了更全面的把握，更加体会到"因材施教"的含义及其重要性。我在财会1985级的第一节课上曾说过："《工业会计》是咱们的主干专业课，我的上课方式可能和其他老师不太一样，书中大家能够看懂的我少讲或不讲，重点是讲为什么，重点是理解。"这节课恰逢农经系老师听我的课，很多老师在场，我的这番话只是提醒同学们了解我的讲课方式，事先有思想准备，免得说我"偷工减料"，但可能刺激了某些老师，课后竟然有老师向系领导反映，说我研究生毕业后目中无人了，有些傲气了。随后我向系领导和老师解释了我的本意，得到了领导和绝大部分老师的理解和支持,也得到了学生的认可。当年我还被学校评为校优质课教师,让我更加坚定了这一讲课方式,并将其应用到财会 1985 级的《西方会计》《会计理论》课程以及后来的财会 1986 级《西方会计》、财会 1987 级《工业会计》、财会 1988 级《中外合资经营企业会计》和财会 1991 级《会计原理》,直到现在的本科、硕士、博士课程我仍然遵循着这一授课宗旨。

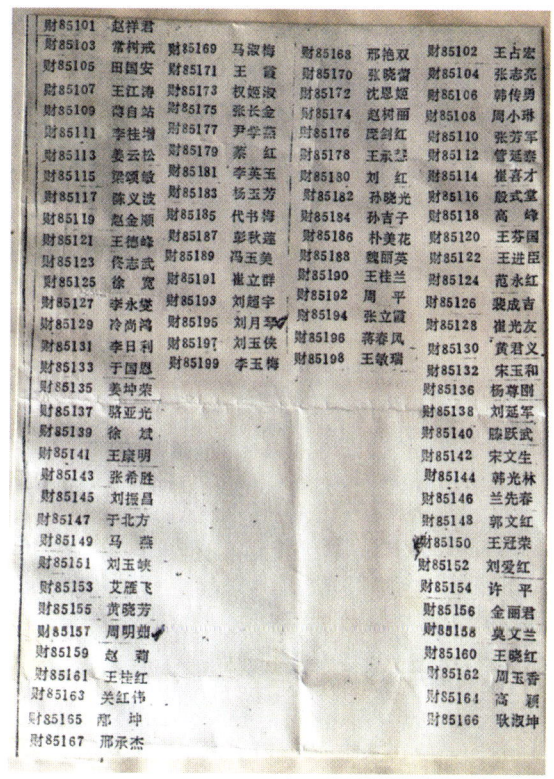

财九一届值表							(主楼21t)	
陆婧	牟毅君	张贤友	李咸亮	刘晓雁	庄春梅	梁云衾	李冰	
高建东	李帅	李大革	杨建国	罗苏明	佟世欣	朱悠意	红民	
谢璇	于海波	余春	刘春杰	张坤	张永红	郭小霞	刘颖梅	
杨功松	王永妹	王杰		金冬梅	辛向阳	王丽霞	刘洪英	
高冬梅	韩丽芳	张子义	徐忠良	赵相勇	张永革	侯春兰	高荒烂	
黄光勇	李志航	崔延戍	潘菁祥庚	张元毅	郝英君	孙艳玲	姜春英	
安静	张丽丽	李英武	朱永和	杨晓杰	边雪莲	陈明芳	张春芳	
朱桂菊	丁建敏			张雪	李志	于二街	田燕	

此后，在天津商学院获得了1997~1998学年度教学质量优秀奖，在北京工业大学获得了教学优秀奖，在首都经济贸易大学获得了2015~2016年度优秀课堂教学效果奖，在2019年上学期的学评教中荣获全校第一名。

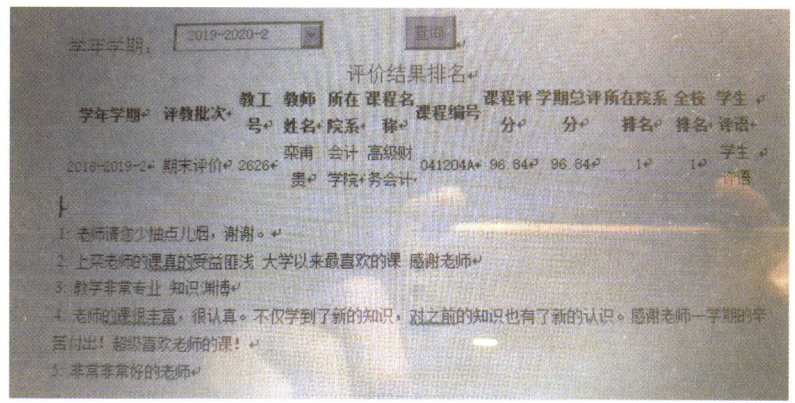

总结这一授课方式30多年实践经验，使我领悟到讲台的技巧最重要的是交流，交流好了课就讲好了，其中包括与教材的交流、与同学的交流、与同事的交流、与理论的交流、与实务的交流、与政策的交流、与其他高校的交流等各个方面。

与教材的交流。同一门课程的不同教材，无论在结构、体系、内容安排及语言表达等方面均有所不同，比较多本教材进行观点和原理提炼，有助于加深对同一个问题的理解，而通过对不同观点的总结、质疑，更有助于从"为什么"的思考中发现会计与经济、管理、法律、文化、科技、教育等方面的联系，更好地把握会计中的管理与管理中的会计，培养学生的发散思维、系统思维、质疑思维、

与授课的财会1986级毕业生合影(第二排左第六位为作者)

创新思维，激活掌握的相关知识，提高学生知识的整合能力、知识的运用能力和综合创新能力。

与同学的交流。教学方法中的"启发式教学"以及近年来的"翻转课堂"都是重在与学生的互动，没有互动的一言堂讲课，难以获得满意的教学效果，注重与学生的交流是上好课的重要手段。这里可以是提问式教学，可以是小组讨论，也可以通过师生交流了解学生对所学知识的理解程度和掌握程度，有的放矢的教学。

与同事的交流。与同事尤其是讲授同一门课程的老师交流，是相互取长补短的有效方式之一，可以是课堂听课，可以是教研室活动，可以是日常交流，还可以采取共同备课、交流课件等方式。

与理论的交流。依据会计理论制定会计规则，依据会计规则进行会计处理，这是会计教材的基本依据。然而很多教材主要讲怎么做，很少讲"为什么"等理论问题，活学活用、分析问题解决问题能力不够，其重要原因之一就是对理论与制度、实务的关系没有把握好，很容易教成呆板的制度执行者。因此教学中加强会计操作中的理论渗透和讲解，实现与会计理论、经济理论、管理理论等理论交流，会大大改善这一状况。例如，超过正常信用条件延期付款购入的固定资产，为什么按照现值入账？现值入账一定低于付款额，是否违背了可靠性、有用性要求？计提固定资产折旧时为什么设置"累计折旧"账户？仅仅是为了获得固定资产原值这一指标吗？要这一指标的用途何在？不设置这一账户在会计信息披露方面会有什么不同？对相关管理有什么影响？对宏观经济会有什么影响？

中国会计学会会计教育专业委员会2008年年会（江西九江），前排右二为作者

与实务的交流。会计理论落后于实务是一种常态,某项会计制度难以解决鲜活丰富的实际交易事项,因此授课中不能拘泥于教材的内容和方法,而应尽量了解新兴交易事项应如何进行会计处理,不同企业的同一或类似交易事项的会计处理是否相同,不同的会计处理会有怎样的经济后果、管理后果、社会后果甚至法律后果?大智移云时代的收入确认、费用摊销将发生哪些变化?授课中嵌入这些具有时代特点的话题,更能引起同学的注意和兴趣,提高其思考和研究积极性。

与其他高校的交流。不同层次、不同地域的高校对学生有着不同的培养目标、要求,师资来源及特长各不相同,加强与其他高校领导、教师的教学交流,无疑有助于取长补短、相互学习促进,进修、访问学者、调研、参加教育教学研讨会等都是非常好的交流方式。我个人的进修经历、调研经历以及作为会计教育专业委员会委员每年参会的经历,使我对会计教育有了更深层次的理解,更加精进了自己的学术造诣,发表了《论会计教育理念》《会计教育内涵的拓展》《会计教育目标:人才与人生的思考》《论会计思维的误区及其完善》《比较教学法研究》《会计教育方法论》《会计美学初论》《面向21世纪:建立会计课程新体系》《会计学与美学理论体系比较》《我国会计学教材建设的优化问题》《会计学专业教学理念的探讨》等教育教学论文。

上述领悟是我多年会计教育教学的一些总结,是基于形象化、具体化的一些提炼。

三、感悟讲台：精神

"教师是人类灵魂的工程师"，这里的教师包括幼儿园、小学、中学、大学等不同层级的教师，而对这一称谓的理解一方面基于在黑龙江八一农垦大学十三年的教育教学体会，另一方面则源于后来转入天津商学院、北京工业大学任教的经历。

1994年10月调入天津商学院（今天的天津商业大学），任会计系副主任，那学期由于没有安排课程，主要是了解学校、会计系基本情况及36名教师的教学科研状况。1995年上半年，因原系主任去天津财经学院进修，将其名下本科、专科、会计辅修的《经营分析》《成本会计》《涉外会计》三门课、六个教学班的教学任务转给了我，周课时23学时，而后两门课程我都是第一次讲授，需要从零开始备课，一个学期下来感觉有些头晕目眩，之后又接手《基础会计》《财务会计》《会计理论》《会计制度设计》等，加上在八一农大讲过的课程，会计学专业的骨干课基本都讲了一遍。1999年调入北京工业大学后，主要讲授《成本会计》《会计理论》《会计制度设计》《成本管理》。

从1994年到2006年，12年的会计学专业教学，让我体会了商业大学、工业大学会计专业与农业大学会计学专业教学的差异和特点。天津商学院尽管属于财经类大学，但除了财经专业外，还有制冷、食品等工科专业，工科与商科几乎"平分天下"，实际是"工商大学"。在此背景下，商学院的会计学专业学生与工科专业同学接触较多，尤其是会计学专业中设有"会计电算化"方向，课程设置中也有编程方面的课程，学生的理科思维、逻辑思维、发散思维比较好，课堂氛围比较活跃，同学之间交流及其与老师之间的交流较多，更容易从管理角度理解和学习会计学课程。

北京工业大学是一所以工科为主的"211"学校，经管学院不是学校的主流学院，会计学专业不是经管学院的主流专业，会计专业的本科生每年通常招收35人左右的一个教学班。在这种较为"压抑"的环境下，会计专业的同学相对内向和封闭，与工科专业同学联系较少，不够活跃，但比较"听话"，对老师分配的任务或工作能够努力完成，但由于工科这一大的背景，无论课堂教学要求还是毕业论文要求，都更加具有工科严谨性、规范性的特点，学生将会计更加当作一种工具化的专业，更加关注会计中的技术方法，而对其中理论和管理功能的兴趣不够。

总之，从我所工作过的农业大学（工作13年）、商业大学（工作5年）、工业大学（工作7年）来看，不同类型学校会计专业同学的特点各不相同，农业大学踏实、商业大学活跃、工业大学严谨，但作为会计专业的学生，普遍具有谨慎、务实、执着的共性，从讲授过的多门专业课中我也深刻感悟到，讲台的灵魂在于"精神"，在于"精""气""神"的理解和运用。

"业精于勤荒于嬉"。这里的"精"不仅是指对所教授课程内容的精通、熟练，更是指在课程讲授中要精于发现所讲授内容的精髓、规律及其外部性，针对每一节课的讲授重点、要点，观察每一名同学的反应和收获，体会其中的快乐、美感及满足感，当某一个难点疑点被同学理解、掌握并可以灵活运用、拓展甚至创新后，我们会无形中感到快乐，感到传递知识、应用知识、创造知识的幸福感和满足感。当我们讲到常规的四个会计假设后，如果同学们不仅能够理解其基本含义，而且能够联系网络公司分辨出传统制造业与智慧制造企业的差别，推演出会计假设在不同环境中的变化，甚至提出新的会计假设，我们会产生非常强烈的成就感，感受到内心的快乐，体会到教育教学中的美。不断地有意识地捕捉和体会这些精神享受，将会更加理解讲台的神圣，更加热爱同学，热爱我们的职业并将我们的职业转化成事业。

"气"就是培养和保持良好的气质，从个人修养到言谈举止、穿衣戴帽，尽量体现出教师的特点，表现出男老师的帅气、女老师的柔美，从而获得同学的尊重和尊敬。当然这些外在的表现需要内在的知识、品德、为人、亲和、平等诸多方面支撑。而不同时代的气质要求和特点也有所不同，对此也应该给予关注。在20世纪八十年代开放初期，社会上出现了长头发、喇叭裤等年轻人的时髦装扮，某些同学和老师也有此打扮，这是那个时代的产物，移至今天则不合时宜。

"神"就是课堂上保持精力旺盛、专注专心、自我调节的心态和精神风貌，无论课前遇到什么事、自己心情如何，一旦站到讲台上就忘却一切烦心事，调整心态和情绪，热情面对学生、泰然把握课程。很多老师都说过，尽管自己身体或心情非常不适，一旦站到讲台上就像换了一个人，将外在波动的曲线变成上课的一条直线，发挥我们人体自组织的稳定系统和自动控制系统的功能，不因自己的原因而影响授课质量。1995年5月份，是我到天津商学院任课的第一个学期，周课时达到23学时，然而就在此时连续三次接到了黑龙江老家父亲病危的电报，鉴于当时的交通条件和课程任务，最后还是没能回去见上父亲的最后一面，内心的悲痛和内疚不言而喻，然而不能将这些情绪带到课堂上，影响正常的授课。直到学期结束，有的同学知道了此事，特意到我家里表达了他们对我的谢意和敬意，也让我异常欣慰。

四、升华讲台：育人

高校兼有传授知识的教学、创造知识的科研和服务社会的咨询等职能，讲台也兼具教学和育人两大职能，升华讲台就是关注和实现育人的境界，将专业教学与育人教育有机结合起来，以专业的思维释疑人生的困惑，提供人生价值最大化的启示。

自 2006 年调入首都经济贸易大学以后，我主要为会计学专业本科生讲授《高级财务会计》课程，该课程共九章内容，根据课程主题与内容尝试着引入人生教育的内容，每一章的开头均加入了有关该章主题与人生领悟的引言段，如表 2-1 所示。

表2-1　　　《高级财务会计》中的育人标题

章序	章名	育人标题
第一章	外币折算	货币的时间价值永远是正向的，但货币的价值未必是正向的。人的年龄永远是增长的，但人的价值未必是永远增长的
第二章	所得税	所得是社会给予我们的成果，所得税是我们给予社会的回报。获得幸福是他人给予我们快乐的积累，帮助他人快乐是获得内心幸福的阶梯
第三章	非货币性资产交换	物物交换是最原始的交换方式，也是商品经济、货币经济、市场经济的始祖。情感交流是最基本的社会交流，也是亲情、爱情、友情、恩情的始祖
第四章	套期保值	人类从创造工具那一天起，就一直追求工具对目的的有用性。人生从懂事那天起，就一直追求金钱对幸福的有用性
第五章	租赁	所有不一定占有，占有不一定所有，没有所有的有效占有优于拥有所有的无效占有。有金钱不一定有幸福，有幸福不一定有金钱，没有金钱的幸福优于腰缠万贯的不幸福
第六章	债务重组和破产清算	没有长生不老的企业，只有优胜劣汰的铁律——经济规律。没有永葆活力的青春，只有绿树成荫的心态——自然规律
第七章	企业合并	一加一大于二，来源于两者的协同效应——做大不等于做强，因为一定时空中事物的能量是有限的。多个朋友多条路，来源于朋友间的互助——朋友遍天下不等于无所不能，因为一定时空中朋友的能量是有限的
第八章	合并财务报表	事物的重复交叉，带来了认识事物的难度，但难以阻挡认识事物的脚步。社会关系的重复交叉，带来了认识社会的难度，但不能阻挡我们认识社会、理解社会、融入社会、实现理想的脚步
第九章	上市公司信息披露	信息不对称的存在，需要有效的信息沟通。朋友间的信息不对称，需要信息沟通，这是避免朋友间误解、增进友谊与情感的重要手段和桥梁

五、教学管理：思考

教育教学作为一个复杂的系统工程，需要根据时代变化、培养目标变化、教学内容变化、教学理念变化等适时调整改革，根据学校定位及条件加强和改善学科建设。从1987年开始的5年教研室主任到1992年开始的14年系副主任、系主任工作，促使我不断地思考教育教学的改革和管理问题，做了一些工作，取得了一些成绩，也有了一些切身的体会。

（一）教学管理的优化

1987年7月硕士毕业后，我回到黑龙江八一农垦大学继续任教，系领导直接安排我担任会计教研室主任，负责教研室的教学与管理。当时教研室有15位教师，承担着会计原理、工业会计、国营农场会计、商业会计、预算会计、基建会计、银行会计、外贸会计、西方会计、中外合资企业会计、会计专题、会计史、会计制度设计、珠算等14门课程。经过一个学期的观察理解，发现讲授会计原理、工业会计等传统课的老师较多，而担任中外合资企业会计、会计史、会计制度设计等新兴课程的老师较少，以往曾经出现过某老师因急事请假半个月,所担任课程无人代课被迫停课的情况,严重影响了教学秩序和教学效果。与同事交流讨论后,我决定采用课程分工负责制度,实施"三三制课程定向制",基本原则是:每位老师担任三门课程、每门课三位教师,由老师自愿报名、教研室内部协调,很快便达成了一致意见。经过一个学期的实践,不仅解决了以前的教学问题,也使得每个老师都有了比较明确的教学方向和科研方向,有利于维护教学秩序、提高教学效果、增强科研聚焦,提高师资的整体水平。

(二)实践教学的升级

随着有计划商品经济的不断深化,企业独立的经济利益日益突出,计划经济时期"校企一家"的局面被打破,企业的商业秘密意识不断增强,接受大学生实习的企业越来越少,学生去企业实习的难度越来越大。经过一年的教研室主任工作,深刻体会到教学实践的重要性及其困难,经过向系领导请示报告并批准,决定建立会计实验室。当时听说天津财经学院的会计实验室建的比较早比较好,随即派出两位老师前去调研,了解到天津财经学院会计实验室主要是手工实验,实验内容主要是工业企业会计,从原始凭证到会计报表的编制过程,也分设主要会计岗位。我们学校的会计实验室建设不能照搬天津财经学院,因为我们学校属于农垦系统,国营农场包含种植业、林业、养殖业、工业、交通运输业、服务业等诸多行业或领域,这些行业或领域之间又有频繁的内部交易,需要重新考虑会计实验内容,既然是实验实习,就要尊重实务、贴近实务。基本

会计教研室课程定向一览表

单位：　　　　　　　　　　　　　　　1987年月　　　　　　　　　　　　　　计量单位：

序号	课程名称	许义生	杨俭	李绍槐	栾甫贵	杨国华	王永德	徐雪英	丛佩华	于明庚	李君	龙玉梅	冯化午	裴花顺	郭希玲	陈栗
1	会计原理		△													
2	工业会计	△			△					△		△	△			
3	农场·		△	△		△										
4	商业·															
5	予算·								△		△			△		
6	基建·					△					△			△		
7	银行·					△					△			△		
8	外贸·		△							△						
9	西方·											△	△			
10	合资·				△							△				
11	会计专题	△		△												
12	会计史	△		△				△								
13	制度设计	△		△												
14	珠算															△

惊涛骇浪志不移

经济业务哪里来？这就成了首要问题。为此，我先后与850农场、云山农场、迎春机械厂取得了联系，达成了合作协议，由这些单位提供经济业务基本素材，组织教师利用空余时间去这些单位整理，复印近500份相关原始凭证，涵盖了实际工作中的主要业务，由我设计实验用桌椅、实验流程，从1989年开始进行会计原理、农场会计、工业会计等专业课的实习，每个实习周期为一个月，既解决了专业实习难的问题，又模拟了企业会计实务，收到了意想不到的好效果。

1991年9月初，学校教务处转达黑龙江省教委有关申报优秀教学成果的通知，这既是扩大我们教学成果影响的机会，更是促进和完善教学工作的机会。我建议依据会计实验室建设申报省教学成果一等奖，得到了系里大力支持。除了填写相关申报表外，申报一等奖还需要上报一个15分钟左右的项目录像片，在农经系领导的大力支持下，与教务处的师资科、电教室进行了沟通讨论，得到了师资科杨红艳科长和电教室王东兴主任的全力帮助，最后决定由我撰写录像片的脚本，根据脚本拍录像，然后剪辑编辑，上报时间只有两个月，时间紧任务重。从来没有过"策划""编剧""导演""演员""监制"等经验的我，开始了这一新的极具挑战性的工作。一周后我完成了约3000字的脚本，选择财会1989级同学和四位老师参与录像，由电教室的王东兴主任带领两名同事进行录像，按照实习的完整流程，前后录制了一个小时的片子，然后进入了长达一个月的编辑整理、配音。除了上课，我每天都在电教室与王主任一帧一帧地剪辑片子，真正理解了影视剪辑工作的艰辛，终于在规定时间内完成了上报工作。幸运的是，在1991年11月末公布的评审结果

中国中青年财务成本研究会年会（后排右三为作者）

中，我们申报的《会计实验室理论与实践研究》获得了黑龙江省优秀教学成果一等奖，实现了我们学校在这一奖项中零的突破，我个人也获得了省政府晋升一级工资的奖励，同时由于在教学、科研工作中的较好成绩，破格晋升为副教授。

（三）学科建设的完善

1994年10月，我调入天津商学院会计系。初到一个新单位，人生地不熟，又给我压了一个"系副主任"的重担，负责科研教学工作，着实有些不安和沉重。尽管在之前的八一农大农经系担任过几年系副主任，但毕竟是自己学习、工作了十几年的单位，有熟悉的老师、领导和环境。既然学校领导如此器重，我也不能辜负领导的信任和老师的期望。当时的商学院隶属于国内贸易部，只有制冷一个硕士点，给我的任务除了日常教学管理、科研管理外，更重要的一项工作是申请会计学硕士授予权。1995年至1996年间，与科研处的金承庸处长带队的小组，分赴厦门大学、中国人民大学、财政部财政科学研究所、东北财经大学、中南财经政法大学等高校和科研单位调研硕士点建设情况，拜见了葛家澍、阎达五、杨纪琬、谷祺、郭道扬等前辈，他们对我们的申报表提出了很多建设性的意见建议，强调硕士点的申报和建设要注重研究方向、师资队伍、科研成果等方面的要求，为完善我们的申报表指明了方向。

由于我们师资结构及科研能力的不足，从1995年开始加大了这两方面的工作力度。在此压力下，我也在1996年《会计研究》

参加中国会计方法学理论研讨会（第一排右一为作者）

主持北京地区第六届会计纵谈会（右一为天津商学院党委书记蔡捷教授，右二为天津财经学院张柱中教授，右三位天津商学院院长何绍书教授）

第4期和第9期分别发表了《论企业破产会计的理论结构》《关于〈清算〉准则几个问题的探讨》的论文，同年成功申请了国家教委"九五"规划项目"企业破产财务管理研究（编号96JAP630009）"，晋升为教授，不仅组织教师参加了中国中青年财务成本研究会年会（1995年8月，长春）、中国会计方法学理论研讨会（1996年10月，秦皇岛）、中国中青年财务成本研究会年会（1996年7月，烟台）、中国会计教授会第二届年会（1996年8月，上海）、天津市会计教育研究会成立暨年会（1996年11月，天津）、中国会计问题国际研讨会（1997年7月，北京）、中国会计教授会年会（1997年10月，厦门）等学术研讨会，还参加了中国会计学会第四届会员代表大会（1996年10月，河北三河，被选为中国会计学会理事）、全国会计专业技术资格考试大纲修订座谈会（1997年10月，大连），承办了北京地区第六届会计纵谈会（1997年1月，天津）、天津会计教育研究会年会（1997年5月，天津），扩大了我们学校的影响，也让大家开阔了眼界、更新了思维、结识了会计界的大家、名家，了解到更多的前沿研究，并在我们申请硕士点的研究方向中增加了"产权会计"，进一步明确了我们的研究特色。

1997年9月，经过三年的艰苦准备和努力，我们完成了会计学硕士授予权的申报工作，1998年1月获批了这一学科硕士点，使得商学院的硕士点在原来的制冷专业、企业管理专业（1996年获批）基础上，又增加了一个！

全国会计专业技术资格考试大纲修订座谈会（后排左四为作者）

第三部分 结缘破产志不移

一、青涩科研起步

1982年9月，在黑龙江850农场挂职一年后我又回到学校，给周力田老师担任财务管理课程的助教。当时黑龙江八一农垦大学农经系有一位彭泽明老师，他是中国人民大学企业管理专业的硕士研究生毕业，四川人，在系里的老师中学历最高，研究水平也很高，很受师生的欢迎，本科时曾教我们国营农场经营管理课，教材也是他自己编写的，彭老师仍原汁原味的四川口音至今让我记忆犹新。大约10月初，彭老师找到我，说11月份黑龙江农垦总局将举办农垦经济管理研讨会，计划写一篇相关论文，和我说了基本思路，让我动笔写8000字左右的论文。大约10天后我完成了论文初稿，彭老师看了后和我说，写学术论文要有观点，有学术深度，理论结合实务，认为我的文字还可以，但理论深度差的太多，让我再去学习一下恩格斯的《反杜林论》。又过了一周时间，我将修改后的稿子呈给彭老师，彭老师说现在差不多可以了，然后由彭老师提交给了该研讨会的主办方。我顺便问了一句彭老师，这篇文章是否可以投给杂志？彭老师略沉思了一下，告诉我说，不要急着发表论文，论文可以写，但不要轻易投稿，要注重基础理论知识的积累和实践知识的总结，后面再发论文就容易了。这一忠告让我受益良多，此前我曾经以挂职单位的资料为基础写过两篇论文，投稿给杂志一直没有发表，留校时曾暗暗计划过，每年发表一篇论文，35岁前出一本书，所以有些急于求成。彭老师的话让我深思了好一阵子，这时我对科研论文才有了初步的了解和理解。正因为如此，我开始发表的文章都不是论文，而是在相关资料基础上对国外会计的介绍，如《垦区财会》1983年第2期发表的《管理会计导论》《黑龙江财会》，1984年第1期发表的《国外成本控制方法简介》以及第5期发表的《美国会计概貌》等，主要是对相关资料的整理能力和文字表达能力的习作，即便可以算作思考性质的论文，开始也是发表于内部刊物上，如读研期间发表于《大连财会》的《试论保管费用的性质及其会计处理》《试论社会主义成本的经济实质》《流动资金概念质疑》三篇文章，都是读研期间听李文岭老师主讲《资本论》（第二卷、第三卷）的一些感想和联想，真正有点论文意味的是在《会计之友》1986年第3期发表的《中苏利润分析方法之比较与评价》一文，是听欧阳清老师讲授企业经济活动分析课程时的感想、体会和总结，有点像论文的是在《会计研究》1989年第1期发表的《破产企业清算财产估价初论》一文，出版的第一本著作是以我的硕士论文为基础、与邓延芳老师合作的《破产会计管理》，该书于1990年6月由东北财经大学出版社出版。

可以说，这个时期的科研论文只是习作性质，研究主题凌乱不一，研究观点青涩稚嫩，只有在聚焦企业破产会计研究之后，才对科研的内在含义和思路有了一些理解，才有了比较系统的科研思路，这里尤其要感谢读研期间邓延芳、谷祺、欧阳清、王盛祥等老师的无私帮助和大力支持，感激与破产会计研究的缘分。

二、结缘破产会计

1984年末,邓延芳老师推荐给我的由潘序伦1935年出版的《会计学》一书,对破产会计进行了简要介绍,此外还有幸在东北财大图书馆借到了一本Grant W.Newton所著于1981年出版的《破产会计(第二版)》(Bankruptcy and Insolvency Accounting),并复印了这部长达676页的著作,从中初步了解了破产会计的基本知识。

(一)潘序伦"破产会计"及其启示

通过资料查找,我发现1935年7月17日民国政府颁布了《破产法》,包括总则、和解、破产、罚则共四章、159条内容,其中"和解"共51条,包括法院之和解、商会之和解、和解及和解让步之撤销等三节,"破产"共96条,包括破产之宣告及效力、破产财团之构成及管理、破产债权、债权人会议、调协(破产人与债权人协调偿债成数、期限等)、破产财团之分配及破产之终结、复权等七节。可见,该破产法的主体内容包括和解、破产两个部分,重心是破产制度。针对破产法的主体内容,潘序伦将破产会计也分为和解会计和破产会计两个部分。

和解会计中，介绍了和解及破产的含义、破产原因、和解程序，列示了申请和解时应提交的债务人财产状况说明书、债权人清册、债务人清册，列举了和解申请书及和解方案的基本内容与格式，设置并说明了"和解费用""债权人情让"会计科目的使用。

破产会计中，介绍了破产宣告及效力，论述了破产财团的构成及管理，界定了破产债权及其计算方法，阐述了破产财团分配的去向及方法，设置了资产、负债、损益三类会计科目，其中资产类科目包括：应别除资产、应抵销资产、应取回资产、破产财团、破产人亏损等五个科目；负债类科目包括：有别除权负债、有抵销权负债、有取回权负债、财团债权、破产债权、破产人净值等六个科目；损益类科目包括：变产损益、坏账损失、了结现务损益、财团费用、负债少还额等五个科目。此外，还举例说明了清算损益计算表、清算收支计算表等清算报表的格式及其编制方法。

从上述破产会计内容及思路，我们可以得到以下重要启示：

第一，破产会计的生命依赖于《破产法》的存在。没有《破产法》就谈不上破产会计，破产制度的建立和实施是破产会计存在和发展的前提。

第二，破产会计的内容依赖于《破产法》的内容。当时《破产法》以和解、破产为重心，破产会计也分为与之配合的和解会计、破产会计，体现了破产会计在《破产法》实施过程中的配合、辅助作用。

第三，破产会计的方法依赖于破产企业特点。破产企业是处于经营不正常的企业，出现了财务困境，资不抵债的企业将无法全额偿还债务，因此应区分债权的性质分类偿还，体现破产偿债的公平性，在会计科目、会计报表等方面具有了特殊性，不能照搬正常企业的会计核算方法。

第四，破产会计的理论有别于正常企业会计理论。破产会计尤其是破产清算会计中，由于企业持续经营能力的削弱甚至丧失，决定了破产会计的服务对象主要是债权人，会计工作受到破产法的约束和债权人的监督，反映的经济活动具有短暂性甚至一次性，相关会计理论应该有所创新或突破。

（二）Newton"破产会计"及其启示

头脑中有了"破产会计"这个概念后，便到东北财大图书馆查找相关资料，突然看到了 Grant W.Newton 于 1981 年出版的 Bankruptcy and Insolvency Accounting，全书共分为破产环境、企业破产程序、会计服务审计程序与审计报告、税务等五篇、十四章内容。从 Newton 这部破产会计著作中我们看到，会计师在企业破产中具有非常重要的作用，担负着重要的职责，我国破产法尽管尚未颁布，但其中的审计问题也是不可或缺的。有鉴于此，我于 1986 年 10 月在《大连财会》发表了《企业破产审计初探》，并以系列论文在该杂志 1987 年第四期、第五期、第六期连载，于 1987 年在该杂志第三期发表了《企业破产会计管理刍议》。在参加 1988 年由东北财经大学主办的首届中国中青年财务成本研究会年会中，提交了有关破产会计核算的论文，并在中国会计学会田志心老师的举荐帮助下，于1988年11月的《财务与会计》杂志首次公开发表《企业破产会计核算探索》一文，开启了破产会计研究的艰难历程。

（三）调研破产企业

1.我国第一部企业破产的地方法规出台

1984年10月20日召开的十二届三中全会通过了《中共中央关于经济体制改革的决定》，指出我国社会主义经济不是计划经济，而是有计划的商品经济的论断，独立核算、自负盈亏、扭亏增盈成为国营企业的重要改革目标，也给政府带来了空前的工作压力。

1984年前后，沈阳市拥有区属以上集体所有制工业企业3700多家，过去对经营不好、连年亏损的企业一直采取关、停、并、转的行政手段，结果往往是关不了、停不起、转不活，而将亏损企业并入盈利企业，"杀富济贫"，严重损害了企业经营的积极性。在此背景下，沈阳市政府看到了有关建立企业破产法的文章和观点，想到了企业破产制度这一重要工具，在充分讨论、酝酿下，在曹思源的大力支持、策划、帮助下，于1985年2月9日出台了《沈阳市关于城市集体所有制工业企业破产倒闭处理试行规定》（以下简称《试行规定》），开启了我国企业破产制度的先河，具有划时代的历史意义，是研究破产法律、财务、会计的重要文献。

《试行规定》开宗明义：社会主义经济是有计划的商品经济，竞争中的优胜劣汰不可避免，该规定的宗旨在于保护竞争、鼓励先进、鞭策后进、保护债权人与债务人的合法权益、保护倒闭企业待业人员的基本生活。该规定共分十个部分：破产倒闭的界限，达到倒闭界限企业的整顿与拯救，破产倒闭企业确定的程序，破产倒闭企业的处理，破产倒闭企业的职工救济金，破产倒闭企业的救济基金，破产倒闭企业的职工就业，破产倒闭企业的责任追究，破产倒闭企业的违法处理，附则。该规定适用于区属以上集体所有制工业企业，该规定如与上级规定有抵触，按照上级规定执行，该规定自颁布之日起执行。

《试行规定》上述十个部分，涵盖了企业破产倒闭界限、申请、处置、救济、罚则等诸多方面，系统规定了相关程序、材料，符合当时的制度背景与社会环境，也正是由于这一规定的颁布实施，才出现了我国第一家被宣告破产的企业，为我国破产制度的建立做出了突出的贡献，也为破产会计提供了制度依据及实践机会。

2.我国第一家被宣告破产的企业

(1)"黄牌警告"的实施。《试行规定》颁布后，沈阳市工商局、劳动人事局、集体经济办公室、保险公司等部门进行了相关宣传讲解，各工业局组织机关人员、企业干部学习，明确了企业破产倒闭是客观经济规律作用的结果，实施破产规定是完善企业经济责任制的客观要求，经济体制的相关改革为破产规定的实施创造了有利条件，应该实施企业破产倒闭制度。为此，1985年4月开始，由沈阳市集体经济办公室牵头，组成了由沈阳市工商局、劳动人事局、保险公司共同参与的联合调查组，普查了11个工业局的集体企业情况，重点调查了23家问题比较严重的企业，其中11家资不抵债或连续严重亏损，并从中筛选出5家，了解其经营状况、资产情况、人员构成、领导班子素质等信息，填写企业基本情况调查表、企业资产情况调查表、企业职工构成情况调查表，确认其中三家企业达到破产倒闭界限，基本情况如表3-1所示。

表3-1　　　　　　　达到破产倒闭界限的企业

	沈阳市防暴器械厂	沈阳市五金铸造厂	沈阳市第三农机厂
在职职工	73人	159人	266人
退休职工	63人	147人	160人
资产总额	30万元	30万元	
负债总额	48万元	43万元	
资不抵债	18万元	13万元	
累计亏损			40万元
其他问题	设备陈旧，技术落后	四年更换七任厂长，管理混乱	盲目贷款，产品质量低下，决策多次失误

联合调查组向沈阳市政府递交了对上述三家企业实施破产倒闭警戒通告的请示报告，得到了市政府的批准，1985年8月3日，沈阳市政府主管经济工作的副市长李中鲁主持召开了新闻发布会，沈阳市工商局向上述三家企业发出了"破产警戒通告"，限期一年内改变面貌，否则将宣告企业倒闭。

同年8月12日，沈阳汽车工业公司成立了"拯救濒临倒闭企业领导小组"，针对其下属防暴器械厂实施拯救，在企业班子建设、生产方向、产品方向、技术装备、物资供应以及资金等方面给予必要的支持，与企业共同制订拯救方案与措施，统一于沈阳市有关综合部门的协调，争取该防暴器械厂尽快复苏。

为了使受到"黄牌警告"的企业有明确的奋斗目标，沈阳市工商局、劳动人事局、保险公司、集体经济办公室联合发布了《关于受到"破产警戒通告"企业"复苏"标准的暂行规定》，规定了同时满足三个方面的具体标准：一是产品有了方向，即有一种适销对路的主导产品，或研制的新产品具有批量生产能力且适销对路，或老产品质量明显提高且不滞销。二是领导班子和职工队伍建设得到了加强，在领导班子方面，要求对负有严重亏损责任的领导班子进行整顿改组，领导班子能够得到职工的信任和拥护，领导班子愿意带领职工"复苏"；在职工队伍方面，要求职工情绪稳定、遵纪守法，思想建设和组织建设得到了加强，初步形成了生产、技术、管理的骨干队伍。三是经济效益明显提高，要求企业在一年的整顿和拯救期内，累计亏损额减少1/3以上，并偿还欠债的20%。

（2）破产宣告的惊雷。1986年8月3日，经过一年的整顿拯救，沈阳市工商局对上述三家亮黄牌的企业做出了如下决定：对沈阳市农机三厂、五金铸造厂顺延一年的整顿拯救期限（至1987年8月3日）。对沈阳市防暴器械厂则宣告破产倒闭，发布了通告。

1986年8月3日，新华社、中央电视台、中央广播电台发布了沈阳防暴器械厂破产的消息，同年8月4日的《人民日报》《经济日

谈谈企业破产法

曹思源 著

栗甫贵同志指正

曹思源
1986.10.17 于北京

中国经济出版社

第三部分 结缘破产志不移

企破字第 1 号

　　根据沈阳市人民政府《关于城市集体所有制工业企业破产倒闭处理试行规定》，沈阳市防爆器械厂于一九八五年八月三日被正式宣告破产警戒通告，进行整顿拯救，限期一年。但是，一年来虽经企业和各方面努力，该厂仍没能扭转困境，所欠债务无力偿还，严重资不抵债。根据企业申请，主管部门同意，经研究决定，沈阳市防爆器械厂从即日起破产倒闭，缴销营业执照，取消银行帐号。有关善后事宜，由沈阳市防爆器械厂破产监督管理委员会，依照沈政发〔1985〕24号文件精神全权处理。

　　特此通告

一九八六年八月三日

报》《工人日报》《光明日报》《中国法制报》等各大报纸均做了报道，并引起世界轰动，我在电台、报纸中也得到了这一重大消息，只是碍于暑假期间，通信又不方便，未能与邓老师及时联系。

1986年9月初开学后回到东北财大，第一时间请示邓延芳老师，最后确立了破产会计这一硕士论文主题，于9月末完成了硕士论文的大纲，题目为"企业破产会计管理研究"，主要内容分为八个部分。

在邓老师的大力支持下，帮助我联系了沈阳防暴器械厂的调研事宜，带着上述论文大纲（也是调研提纲）于1986年10月3日到达沈阳，住在沈阳工业大学招待所，又到沈阳市工商局拜访了李振清、关立中处长，在他们的热情帮助下，在沈阳防暴器械厂调研了五天，又分别去沈阳市集体经济办公室、沈阳市经委、沈阳市审计局进行了调研，除了收集上述非常珍贵的沈阳防暴器械厂破产的第一手资料外，还获得了于1986年6月召开的"企业破产倒闭理论与实践研讨会"相关资料，对企业破产法律、政策、实务有了更为深入的了解。

沈阳防暴器械厂的破产倒闭，为我的破产会计研究提供了鲜活、及时的案例，通过实地调研获得了难得的相关资料，通过现场采访学习，了解掌握了企业破产的基本操作理念和方法，取得了丰硕的调研成果，获得了远超预期的收获，加深了对企业破产制度的认识，把握了我国企业破产制度的基本思路，了解了企业破产的基本流程和内容，更新了对企业破产财务会计问题的认识，坚定了破产会计研究的信心，结识了企业破产制度及操作方面的专家。当调研基本结束时，李振清和我说，我们这里的情况大致就是这样了，沈阳防暴器械厂破产事宜主要由曹思源策划，有关破产的法律问题，建议我去拜访曹思源，并将曹思源的联系电话给了我，与曹老师电话联系后，我便于1986年10月12日早上8点乘坐12次特快踏上了进京之路，晚上8:40到达北京，住进了在火车上登记的京华旅社，16个人的大房间，每天3元的住宿费，记忆犹新。

（3）拜访破产专家。①拜访曹思源。由于与曹老师约的是10月17日，所以利用10月13日至16日四天时间，去中国人民大学拜访了1983年进修时的老师、同学，去王府井书店买了些书，17日下午1:30左右，如约来到了位于古城的曹老师家里。这是一个典型的两居室，在一栋六层楼的一层最东侧，客厅陈设简洁，一排书柜，一对单人沙发摆放在东墙下。落座后，我向曹老师报告了来意，曹老师非常爽快地表示欢迎，并送给我一本7月份他刚刚在经济出版社出版的专著《谈谈企破产法》，该书阐述了我国企业破产问题的由来、破产法基本知识、我国企业破产法需要规定的主要问题、企业破产制度的理论基础、怎样看待经营风险、实行企业破产法有利于增强企业活力、企业破产法与宏观经济管理、破产淘汰制度对其他各项改革的促进作用、当前我国实行企业破产法的条件等问题。

作为国务院破产法起草工作小组组长，曹老师对我国企业破产法的立法和实践具有非常独到、深刻的见地，为我国企业破产法的出台做出了卓越贡献，后被业界尊称为"曹破产"。在拜访期间，我向曹老师讨教了有关我国企业破产法的进程、遇到的问题与难题、沈阳防暴器械厂破产的经验及意义，出于我身为黑龙江八一农垦大学的教师和研究生身份，又向曹老师讨教了国营农场是否可以破产、企业破产中的财务问题与会计问题，并将我的研究生论文提纲拿给曹老师指教，他在研究破产会计内容等方面给予了我很多非常好的建议，指出了破产审计的重要性，并将1985年9月20日《中华人民共和国企业破产法（草案）（征求意见稿）》（以下称"征求意见稿"）和1986年9月4日修改后的交由六届人大常委会第十七次会议讨论的《中华人民共和国国营企业破产法（试行）（草案）》（以下称《试行稿》）的复印件送给我。前者共分八章、六十一条，主要内容如表3-2所示。

表3-2　《中华人民共和国国营企业破产法（试行）（草案）》主要章节

章序	条目（内容）	章序	条目（内容）
第一章 总则	第一条（宗旨）	第五章 破产清偿	第三十四条（宣告破产的必要条件）
	第二条（任务）		第三十五条（破产的判决和宣告）
	第三条（适用范围）		第三十六条（破产宣告的效力）
	第四条（外国人和外国企业的地位）		第三十七条（住所限制）
	第五条（破产界限）		第三十八条（破产登记）
	第六条（准用法律）		第三十九条（监管会的管理职责）

续表

章序	条目（内容）	章序	条目（内容）
第二章 案件的管辖和受理	第七条（管辖法院）	第五章 破产清偿	第四十条（破产企业的义务）
	第八条（案件申请人）		第四十一条（债权人会议的召开）
	第九条（申请人应提交的材料）		第四十二条（债权人会议的任务）
	第十条（对案件的受理与驳回）		第四十三条（破产资财的构成）
	第十一条（对决定的异议）		第四十四条（破产债权）
	第十二条（答辩及应提交的材料）		第四十五条（担保债权的优先权）
	第十三条（申报债权）		第四十六条（取回权）
第三章 监督和管理机构	第十四条（监督管理委员会）		第四十七条（破产费用）
	第十五条（监管会的一般职责）		第四十八条（破产费用不足的案件的处理）
	第十六条（监管会的成员）		第四十九条（破产资财的变卖）
	第十七条（人民检察院的监督）		第五十条（破产资财的分配和清偿顺序）
	第十八条（审计部门的监督）		第五十一条（破产清偿的终结及免责）
第四章 调解整顿	第十九条（调解整顿的必要条件）		第五十二条（对转移的财产的追回和分配）
	第二十条（调解协议和企业整顿方案的内容要求）	第六章 对破产企业职工的善后处置	第五十三条（破产企业职工的出路）
	第二十一条（债权人会议的召开）		第五十四条（破产救济）

续表

章序	条目（内容）	章序	条目（内容）
第四章 调解整顿	第二十二条（债权人会议的任务）	第七章 罚则	第五十五条（刑事处罚）
	第二十三条（债权人会议与监管会的关系）		第五十六条（行政处分）
	第二十四条（对调解的裁决）		第五十七条（罚款）
	第二十五条（整顿期限）		第五十八条（对重新任职的限制）
	第二十六条（监管会的监管职责）	第八章 附则	第五十九条（个体经营单位的破产处理）
	第二十七条（监管会的撤销权）		第六十条（实施细则）
	第二十八条（调解整顿对保证人和共同债权人的效力）		第六十一条（生效期）
	第二十九条（民事执行的停止）		
	第三十条（调解整顿企业的义务）		
	第三十一条（监管会对法院的报告）		
	第三十二条（整顿资格的取消）		
	第三十三条（调解整顿的排除）		

《中华人民共和国国营企业破产法（试行）（草案）》较前一稿有了较大变动，标题加入了"国营"，意味着本法适用于国有企业，在章节内容是也做了较大修改，分为总则、破产申请的提出和受理、债权人会议、和解和整顿、破产宣告和破产清算、附则等六章内容，共四十一条。

通过这《征求意见稿》及《试行稿》的内容及其前后变化，使我了解了我国企业破产法的基本框架、企业破产的类型、企业破产相关关系人、企业破产的基本程序，为企业破产会计的研究奠定了非常重要的法律基础，对企业破产会计应该研究的主体内容有了更深入、全面、具体的认识。

将近4个小时的拜会，使我深刻领略了曹老师敏锐的思维、严密的逻辑、超前的意识、博学的知识、尖锐的观点、求真的精神以及平易近人、乐于助人的品格，给我留下了非常深刻的印象，下午5点多告别前，曹老师又向我推荐介绍了对企业破产有非常深入研究的另一位专家——汪建熙。

②拜访汪建熙。1986年10月20日上午，我来到首都体育馆东配楼一楼的中国财务会计咨询公司，见到了汪建熙老师。我主要请教了三个方面的问题：一是关于沈阳防暴器械厂破产中的一些实务问题，二是有关《国营企业破产法（试行稿）》中关于破产界限、债务清偿的疑点（利用两天时间研读了《试行稿》原文，有些困惑），三是有关企业破产中的财务会计问题，收获甚大。汪老师还送给我一本他参加沈阳《企业破产倒闭的理论与实践讨论会》的论文《企业破产的理论与实务》，该文论述了破产理论、西方破产法简介、对制定我国破产法的建议、跨国破产问题、企业破产中的会计人员、债务人财产估价、清算式资产负债表、破产审计、利用财务指标预测财务风险等问题，对我硕士论文结构、内容的修改具有非常重要的指导意义。

沈阳《企业破产倒闭的
理论与实践讨论会》论文

企业破产的理论与实务

汪建熙

中国财务会计咨询公司

第三部分 结缘破产志不移

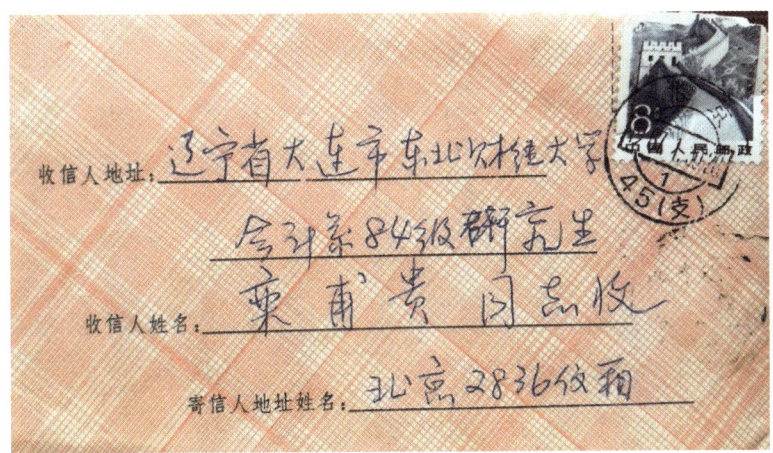

随后的几个月中，我与汪老师通过几封信，向汪老师请教一些破产法中企业破产界限、不能清偿到期债务的界定、"不能清偿"与"无力清偿"的区别、清算结束时是否会存在剩余财产等疑点问题，得到了汪老师非常认真、详细的回复，使我对破产法中的相关疑点得到了很大程度上的释疑，尤其是对破产清算中是否存在剩余财产的问题有了新的理解，在1987年3月份交给邓老师审阅的论文初稿中保留了剩余财产分配的内容。

(4) 情定破产会计。经过三次激烈的讨论、辩论，1986年12月2日六届人大常委会第十八次会议终于通过了《中华人民共和国企业破产法（试行）》，为我的破产会计研究奠定了坚实的法律基础，终于有法可依啦！这一稿与1986年9月4日的《试行稿》产生了较大变化，在破产界限、破产程序、责任追究等方面都有了新的规定。此时，恰逢我在写硕士论文的初稿，及时之至！经过本稿破产法与试行稿破产法的对比，调整了我的硕士论文大纲及内容，题目仍为"企业破产会计管理研究"，主要章节如表3-3所示。

表3-3　《企业破产会计管理研究》主要结构

章	节
第一章　企业破产会计管理总论	第一节　企业破产程序概说
	第二节　企业破产会计管理的内容和任务
	第三节　企业破产会计管理的特点
第二章　企业和解整顿会计管理	第一节　企业和解整顿的条件
	第二节　企业和解整顿的账务处理
	第三节　企业和解整顿财务管理的特点

续表

章	节
第三章 企业破产清算基础	第一节 企业破产清算的原因
	第二节 破产企业的接管
	第三节 企业善后事宜的处理
	第四节 企业破产财产的确定
	第五节 企业破产债权的确定
第四章 清算财产的估价和变现	第一节 清算财产的分类
	第二节 清算财产的估价特点
	第三节 清算财产的估计方法
	第四节 清算财产的变现
第五章 企业破产预算报表的编制	第一节 企业破产预算报表的种类和内容
	第二节 变产清算预算表
	第三节 货币收支预算表
	第四节 破产费用预算表
	第五节 清算资金平衡表
	第六节 清算损益预算表
	第七节 债务清偿预算表
	第八节 剩余财产分配预算表
第六章 破产清算的核算	第一节 会计科目的设置
	第二节 会计账簿的设置
	第三节 会计分录的编制
第七章 破产清算报表的编制	第一节 期中清算报表的编制
	第二节 期中预算报表的编制
	第三节 期末决算报表的编制

续表

章	节
第八章　破产审计	第一节　破产审计概述
	第二节　和解整顿或破产清算申请的审计
	第三节　和解协议草案与整顿方案的审计
	第四节　和解整顿的审计
	第五节　企业破产原因的审计
	第六节　企业移交的审计
	第七节　赔偿责任的审计
第九章　破产风险的预测与控制	第一节　企业破产风险总论
	第二节　投资投入风险的预测与控制
	第三节　筹资风险的预测与控制
	第四节　营业风险的预测与控制
	第五节　交易风险的预测与控制
	第六节　偿债风险的预测与控制

论文从1986年11月30日开始动笔，至1987年1月15日完成了大约15万字的初稿，后来几经修改，于1987年7月2日完成硕士论文答辩，我们六位同学答辩了一天半，每半天答辩两位同学。东北财经大学的宫楷老师为答辩委员会主席，邓延芳老师和中央财经大学的魏振雄老师参与了论文答辩，当时魏老师的评价是："破产会计是空白，在破产法公布时需要填补空白。这篇论文可算是专著，有理论也有实际，蛮不错，以国家破产法为根据，借鉴西方，联系沈阳破产实际，对破产会计的内容、做法做了系统、全面的论述，提出破产企业的报表、科目，是一项突破性的设计系统。"答辩委员会决议认为："论文具有开拓性，理论联系实际，开辟了会计新领域，论文结构严谨，语言流畅，证明作者具有较扎实的理论基础、

较宽的知识面、较强的独立从事科学研究的能力，答辩委员会三位同志一致同意将论文评为优等成绩，建议授予经济学硕士学位。"该硕士论文在邓老师的大力帮助下，以我们师生两人署名于1990年6月在东北财经大学出版社出版，在此激励下，我正式走上了破产会计研究之路，不觉30多年过去，仍初衷不改，甚至在业内被冠之以"栾破产"。

三、初识破产会计

1988年6月4日至8日，东北财经大学在大连召开了"全国中青年财务成本理论研讨会"，时任中国会计学会副会长的杨纪琬教授、大连市财政局田欣毅局长、东北财经大学欧阳清教授分别做了主题报告，成立了"中国中青年财务成本研究会"，产生了第一届理事会及会长、秘书长等领导机构，通过并发布了"致全国中青年财务成本财务工作者的倡议书"。这一学术组织的成立，吸引、聚集了全国众多从事财务成本理论研究、实务工作的中青年，为中青年的财务成本研究提供了一个难得的平台，其中诸多参与者已经成为今天我国会计的理论、会计教育、会计实务等方面的专家、名家，为我国会计研究的发展做出了非常重要的贡献。对我个人来说，从1988年参会并入选第一届理事会到2006年退会，该组织对我破产会计的研究产生了非常重要甚至决定性的推动作用，由于长期持续的破产会计研究，1997年10月获得了国内贸易部"有突出贡献的科学、技术、管理专家"称号，2004年8月获得中国会计学会财务成本分会每年仅一项的"中洲光华杯学术创新奖"。在此种种激励下，我的自信得到了极大的增强，更加坚定了破产会计的研究方向，从破产会计的实务改革逐渐延伸到破产会计理论的探讨，初步形成了破产会计基本思路。

（一）破产会计思路

从破产法的历史演进来看，早在1542年英国就颁布了处理债权债务关系的《破产条例》，1571年颁布破产法，经过1849年、1861年、1869年、1882年、1914年多次修改，逐步形成了独立的公司破产制度。法国于1538年和1629年规定了对欺诈破产的处罚，1807年在商法典中列入了破产篇，1838年设立了独立的破产法。德国于1855年颁布《普鲁士破产法》。美国于1800年4月颁布了第一部联邦破产法，1932年成立了破产法院。可见，西方破产法兴盛于19世纪，充实、完善于20世纪。我国清政府也于1906年制定了《破产律》，1915年中华民国政府拟定了破产法草案。不难看出，企业破产制度源于商品经济的发展和日益完善，归因于商品经济环境下由于价值规律作用产生的优胜劣汰，以及债权债务关系中不能清偿到期债务的事实，以维护正常的商品经济秩序。

我国于1986年12月2日发布的《中华人民共和国企业破产法（试行）》，也是适应当时有计划商品经济的需要、促进全民所有制企业自主经营的需要、维护债权人和债务人合法权益的需要。然而，破产法的实施必然会涉及有关破产企业的会计处理问题，由此带来的问题是，涉及哪些会计问题？破产会计如何服务于破产法的有效实施？如何进行破产会计核算？需要披露哪些破产会计信息？破产会计具有哪些独特的理论？怎样归纳抽象这些理论？这些理论又如何指导破产会计核算工作？如此等等问题让我们困扰许久。

在此背景下，我除了去图书馆查找资料外，还向邓延芳老师、谷祺老师、欧阳清老师、沈其煜老师等请教了一些破产会计方面的问题。邓老师当时除了讲授、编写"会计学原理"教材外，还讲授"中外合资企业会计"，出版过《中外合资经营企业会计管理》《中外合资企业财务会计手册》等教材，对中外合资企业的运作及会计问题有相当深入的研究，其中涉及"清算"内容。谷祺老师主要研究企业财务管理，欧阳清老师主要研究企业经济活动分析，沈其煜老师主要研究审计学。经过向各位老师的不断请教和学习，使我认识到企业破产不仅是会计核算问题，还有相关财务管理、经济活动评价、审计等多方面的工作，于是我在破产会计硕士论文中也包含了破产会计核算、破产预算报表、清算财产的估价与变现、破产风险的预测与控制、破产审计等方面，题目冠以"破产会计管理"，形成了"破产会计核算——破产财务管理——破产审计"的基本思路和架构，后来于1992年4月在科学普及出版社出版了与贾华章、杜筱进合作的《企业破产财务管理》，于1996年1月在经济科学出版社出版了《企业清算财务管理》，1998年5月在东北财经大学出版社出版了《企业破产与清算实务》。

我国1986年颁布的《中华人民共和国企业破产法》，除了规范破产清算的法律程序外，还规定了和解整顿程序，2006年修订后的破产法主要规范了破产重整、破产和解、破产清算三类破产案件。无论哪一部破产法，都规范了破产清算、破产挽救的内容，那么如何进行破产清算的会计处理？债务人企业一旦进入破产界限，除了法院直接宣告其破产清算外，究竟对其重整、和解还是清算？如何判断债务人企业的挽救价值？这是一个包含理论、政策、实务等方面的复杂问题。接下来将探讨破产清算会计与破产拯救会计两大主题。

（二）破产清算会计

企业一旦进入破产清算，意味着处于终止经营状态，其会计理论与实务应该有哪些独特之处？这些理论是否只是零散的抽象认识？是否可以整合为一个体系？相关实务操作是否与正常企业没有或没必要形成较大差异？其实，无论是哪种会计、哪一部分会计都包含理论与实务两个基本侧面，因此我们可以从破产清算会计理论与破产清算会计实务两个方面进行探讨。

1.破产清算会计理论

1994年10月我从黑龙江八一农垦大学调入天津商学院工作后，与天津财经学院的老师们有了更多的交流机会，从于玉林、盖地、韩传模（1998年6月在立信会计出版社出版了《企业兼并与破产会计》）、陈敏（1997年6月在经济科学出版社出版了《企业清算会计》）等老师有关破产会计的不断请教和讨论中得到了较大的启发：破产会计应该服务于破产法的实施，破产会计的理论应该有其独特之处甚至可以梳理出一个理论体系。随后在1995年8月由长春税务学院承办的中国中青年财务成本研究会年会上，我提交了关于破产会计理论体系的论文，后以《论破产会计的理论结构》为题发表于《会计研究》1996年第4期。

我们认为，作为会计理论结构，破产会计与正常企业会计没有太大差别，因为同属于财务会计信息系统，但其内容和表现形式将大为不同。由此将其基本理论结构仍然从会计对象、会计目标、会计假设、会计原则等方面梳理，形成如下基本内容和主要观点：

关于破产会计对象。破产清算企业虽然处于终止经营状态，但为了增大财产变现价值、提高债权人的债权受偿比例和受偿额，对于具有更多现金净流入的在产品、半成品应该继续加工为商品，各项财产通常需要变现后偿债，同样会形成资金运动，只是这里的资金运动不能形成资金周转，而是一次性的、终极化的运动，因此破产会计对象仍然是资金运动。

关于破产会计目标。破产会计信息披露应该满足债权人、管理人、人民法院等方面的需要，为债权人表决财产变价方案、财产分配方案等决策提供参考，为管理人掌握和管理破产清算进程提供参考，为人民法院监控破产清算工作、裁定相关破产事宜提供参考。因此与正常企业"反映企业受托责任履行情况、有助于经济决策"不同，破产清算会计目标应该是满足相关者破产清算决策的需要。

关于破产会计假设。与正常企业会计一样，破产会计仍然以破产清算企业为空间范围，仍可能有产品加工、财产变现等经营活动，只是因为企业处于破产程序之中，受到债权人、人民法院的监管，财产变现价值也将受到极大的冲击，既不是历史成本也不是公允价值，而是处于被迫状态下的成交价格，为此可以称之为破产主体、破产经营、清算价值假设。此外，由于破产清算通常需要较长时间，随着财产分配变现、债务分批偿还，企业的财务状况也会发生较大变化，为了满足相关各方的破产会计信息需要，应该按照分批变现财产或分批清偿债务来披露相关会计信息，也可以根据人民法院或债权人会议的临时要求而披露信息,因此应该建立破产会计分期假设,只是这里的会计期间呈现出不固定、各个会计期间长度不一等特点。

关于破产会计原则。既然是会计原则,破产会计与非破产会计应该有相同、相近之处,也会有自己的特点。客观性、明晰性、及时性应该是所有会计遵循的会计原则,但也有些原则的内涵有所不同。例如,破产清算会计中的有用性原则,主要是满足债权人、管理人、人民法院的相关会计信息需求;重要性原则主要体现为担保财产与担保债务、破产费用与共益债务等重要项目应该详细核算和列报。此外还有一些破产清算会计特有的原则,如收付实现制、公正性、相互对应(担保债务依据担保财产偿还、抵销债务依据抵消财产偿还、取回债务依据取回财产偿还等)等原则。

2.破产清算会计核算

除了我在硕士论文中探讨的破产会计核算以外,随着我国社会主义市场经济的起步、发展,我国有关破产会计规范方面也取得了突破性的成就,其中包括财政部1995年发布的《清算》会计准则(征求意见稿)(以下简称《清算》准则)、1997年7月31日发布实施的《国有企业试行破产有关会计处理问题暂行规定》(财会字〔1997〕28号,以下简称28号文)、2016年12月20日发布实施的《企业破产清算有关会计处理规定》(以下简称《规定》)。每一项制度的发布都对我的破产会计研究产生了重大影响和冲击,诸多领导、专家和朋友的鼓励和帮助,也激发了我对相关规则的进一步思考。

(1) 关于《清算》准则的思考。1992年党的十四大提出了建立社会主义市场经济体制的目标,1993年实施了"两则两制",同时也加快了具体会计准则的研究步伐。1995年9月27日财政部印发了《企业会计准则第X号——清算(征求意见稿)》,尽管后来没有正式发布,但也开启了我国乃至世界会计史上关于企业清算会计规则的先河。

得到这一消息后,我便从天津坐火车赶到北京,来到梅地亚中心,拜访了财政部会计司负责会计准则起草的陈毓圭处长。1988年在大连参加中国中青年财务成本研究会相识后,几乎每年都可以见上一面,他对我的破产会计研究一直给予高度的关注和支持。在他办公室刚落座,他就递给我《企业具体会计准则(征求意见稿)》的三本白皮小册子,让我回去好好研究一下,多提些意见建议。这次见面除了向他请教相关会计准则建设的总体思路和计划外,我重点向他汇报了有关破产会计研究的状况和今后的打算,告诉他由金淑莲、黄菊波、王庆成主编的《现代企业财务管理丛书》中我也是编委之一,由我编著的《企业清算财务管理》一书将于1996年1月在经济科学出版社出版。听到这一消息后,他异常兴奋地说,破产法是市场经济中的一个重要法律,破产会计研究是会计新领域的一个重要分支,值得深入研究,特意让我回去仔细研究一下《清算》准则(征求意见稿),提一些意见建议,还说我的破产会计研究进入春天了,将大有可为!

回到天津商学院后,我仔细研读了《清算》准则。这一准则的主体由定义、清算会计期间和清算会计报表三部分构成,界定了清算、破产清算、解散清算、撤销清算、留置权、质权、抵押权、可实现净值八个概念,确定了破产清算会计期间、解散清算和撤销清算会计期间,提出和设计了清算资产负债表、净资产变动表、清算财产表和财产分配表,以企业清算会计报表为主线,采纳了可实现净值的计量属性,对资产和负债区分了担保与非担保的类别,提出了"共益债务""剩余财产"的概念,初步规范了企业清算中主要会计规则,对我国会计制度建设做出了突破性的贡献,但觉得仍有一些问题需要探讨:

在准则的结构体系方面,企业清算是对企业财务状况的清算,该准则可以设计为"资产清算——负债清算——净资产清算——清算报表——应披露事项"的结构体系。

在资产与负债的分类方面,没有考虑破产法实施中的有关资产与负债类别的特殊要求。为此,可以将资产分为清算资产和非清算资产,清算资产再分为取回财产、抵销财产、担保财产、无担保财产,非清算财产再分为所有权丧失的财产、所有权不确定的财产、依法不能清算分配的财产、无变现能力的财产。与此相适应,负债可以分为清算债务和非清算债务,清算债务分为取回债务、抵销债务、担保债务、应付清算费用、无担保债务,非清算债务分为非企业债务(预提费用等)、非现金流出债务(递延所得税贷项、待转汇兑收益等)。

在清算会计期间界定方面,《清算》准则提出了清算会计期间起点、终点及再分期问题,将清算人接管清算企业日为清算会计期间起点,将终点界定为破产终结裁定日、解散清算与撤销清算为企业登记注销日、清算企业出售协议生效日(适用于清算企业被整体出售的情形)。在再分期方面规定:清算在年度内完成的,应在清算开始日编制"清算资产负债表"和"净资产变动表",前者列示担保资产与普通资产的账面价值、可变现净值,后者列示清算开始日前净资产、期初净资产、清算损益、清算终结日净资产;清算跨年度的,应在年末编制"清算资产负债表"和"净资产变动表";如果多次清偿债务或者多次分配财产分配,应在每次债务清偿(或财产分配)后编制"财产分配表"。实际上,清算人进入清算企业所接管的仍然是其清算日的财务状况,企业清算结束日应该是其消亡日或注销日,企业进入清算状态后意味着终止经营,不应再有年初、年末的概念,而应代之以期初、期末概念。为此,我提出了清算会计期间的起点应界定为清算日,终点界定为企业登记注销日,按照分批变现财产或分批清偿债务的期间作为新的会计期间。

鉴于上述的理解和认识,完成了《关于〈清算〉准则几个问题的探讨》一文,发表于《会计研究》1996年第9期。

(2)关于28号文的思考。自1988年11月1日实施《中华人民共和国企业破产法(试行)》以后,全国的企业破产案件并不多,主要原因在于社保等体制机制尚不健全,国有企业的历史遗留问题较多、较复杂,进入破产界限的国有企业难以依据企业破产法得到公平、有效的处理。为此,国务院于1994年发布了《国务院关于在若干城市试行国有企业破产有关问题的通知》(以下简称《通知》),指出安置好破产企业职工是实施企业破产的前提,企业的土地转让所得必须首先用于破产企业职工安置，安置职工后的剩余部分可以用来偿债。为配合《通知》的顺利实施，财政部于1997年7月31日发布实施了《国有企业试行破产有关会计处理问题暂行规定》（以下简称《暂行规定》），即28号文，其主体内容分为破产企业会计处理与清算组会计处理两个部分，涵盖了破产企业向清算组移交会计资料的准备工作与清算组会计的主体内容，其中清算组会计的主要内容包括设置会计科目、结转期初余额、估价变现财产、反映破产费用的发生及支付情况、转让土地使用权并支付相关费用、支付破产费用和清偿企业债务、清理账目、结转损益、编制会计报表、整理和移交会计档案等。

从会计科目设置来看，《暂行规定》设置了资产、负债、清算损益三类23个会计科目，其中资产类科目包括"现金、银行存款、应收票据、应收款、材料、半成品、产成品、投资、固定资产、在建工程、无形资产"11个，负债包括"借款、应付票据、其他应付款、应付工资、应付福利费、应交税金、应付利润、其他应交款、应付债券"9个，清算损益包括"清算费用、土地转让收益、清算损益"3个。尽管这些科目设置反映了破产清算会计中的基本会计要素，但没有反映破产清算会计信息需求的特点，没有满足破产法中有关财产、债权的分类及其相关需求，因此可以将资产类科目设置为"担保财产、抵销财产、取回财产、取得财产、破产财产、应追回财产"共6个，将负债类科目设置为"担保债务、抵销债务、取回债务、优先债务、破产债务"共5个，将损益类科目设置为"破产费用、变现损益、清算损益"共3个，以体现破产清算会计目标的特殊性。与此相关，破产和解中可以设置"债务折让、和解费用"等科目，破产重整中可以设置"债务折让、重整费用"等科目。

从会计报告来看，《暂行规定》中规定了清算资产负债表、清算财产表、清算损益表、债务清偿表四张破产清算会计报表。为了反映和披露破产清算的过程及其主要清算财务事项和结果，还应该编报货币收支表、破产费用表、变现清算表等报表，并对上述四张表的格式进行必要的调整和完善。

恰逢此时，应东北财经大学出版社的邀请，由我编写《企业破产与清算实务》一书。经过与该出版社田世忠编辑多次讨论交流，在田老师的大力支持和帮助下，决定将我的上述基本认识和理解写进书里，几经修改后于1998年5月在该出版社正式出版。

（3）关于《规定》的思考。随着我国加入WTO、经济融入全球化浪潮，全国人大于2006年颁布、2007年实施了新的《中华人民共和国企业破产法》，实现了企业破产法的国际趋同，企业破产也由政策性破产转向了法律破产，但企业破产会计制度并没有进行同步改革。2015年12月召开的中央经济工作会议提出了2016年"三去一降一补"的五大任务，2016年2月国务院陆续印发了《国务院关于钢铁行业化解过剩产能实现脱困发展的意见》《国务院关于煤炭行业化解过剩产能实现脱困发展的意见》，要求"引导地方综合运用兼并重组、债务重组和破产清算等方式，加快处置'僵尸企业'，实现市场出清"，提出了修订企业破产会计制度的客观要求。

2016年3月中旬，财政部会计司制度二处的王宏副处长联系我，说财政部计划出台有关企业破产会计方面的新制度，想约我共同探讨一下。第二天下午我便来到会计司制度二处，高大平处长、王宏副处长非常热情地接待了我，在五楼的一间会议室我们三人进行了长达两个多小时的交流。两位处长说明了请我去的目的，主要是听听我对破产会计制度改革的想法，在两位处长的鼓励下，我滔滔不绝地汇报了对这个制度结构、会计科目设置、会计报表设置、信息披露等方面的一些想法，并借机会向两位处长各赠送了我在2012年出版的《破产会计与内部控制研究》及2014年出版的《论企业破产清算的内部控制》。荣幸的是，我被吸收为企业破产会计制度起草小组成员，参加了4月由制度二处领导、律师、注册会计师、会计学教授组成的小组讨论会，在会上我对本制度的规范范围、会计期间、计量属性、会计科目及报表格式等提出自己的意见建议。5月初，《企业破产清算会计处理问题规定》草稿出台，建议采用章、条体例，增加破产清算期间发生在产品继续加工等相关费用核算的规范，增加"货币收支表"，破产资产负债表的资产及负债按照担保与非担保分类，资产除了列示账面价值外，增加可变现价值栏目，考虑剩余财产分配的规范等。7月4日财政部发布了《企业破产清算有关会计处理规定（征求意见稿）》，与28号文比较，这一制度扩展了破产会计制度的适用范围，将原来适用于国有企业扩展为企业法人，明确了破产清算会计信息的主要使用者，体现了会计流程的规范性，确定了管理人这个单一的破产会计实施主体，明确了非持续经营前提及破产会计期间的划分，提出了破产清算会计的计量属性，在破产企业原有会计科目基础是增补破产清算专用会计科目，增设了破产现金流量表，优化了破产清算会计报表，增加了披露的要求。但我感觉仍有一些需要探讨的问题，便提出了以下建议：

一是充实破产清算会计信息使用者。目前征求意见稿将破产清算会计信息使用者确定为债权人会议、人民法院，但破产清算过程中必然涉及相关纳税事务，投资人也应该了解企业破产清算状况，尤其是国资委应该了解国有企业破产清算进程及其结果，建议在破产清算会计信息使用者中增加国家税务机关、投资人等相关者。

二是充实破产清算会计期间的确定者。第四条明确，破产会计期间由法院或债权人会议确定。实际上，税务机关出于税收征管需要、管理人基于破产清算管理的需要，也应该有权确定破产会计期间。建议本条改为"破产企业会计工作由管理人配备的会计人员或聘请中介机构的会计人员完成，按照法院、债权人会议、税务机关要求的时点或管理人清算工作的需要等合理划分会计期间，及时进行破产清算有关交易事项的会计处理，编制破产财务报表。"

三是简化计量属性的表述。第五条规定："破产企业在破产清算期间的财产应当以破产清算净值计量。破产清算净值是指，在破产清算的特定环境下和法定时限内，最可能的变现价值扣除相关的处置税费后的净额。"这里提出了"破产清算净值"的新概念。在会计理论界及实务界，"清算价值"是会计学界长期、普遍接受的概念，虽然截至目前尚没有明确、一致认可的概念表述，但我们这里可以给出一个具体内涵，比另行创造一个名词更好，建议将这里的"破产清算净值"改为"清算价值"。

四是简化会计科目的名称及设置。会计科目作为对会计要素进行进一步分类名称，应符合清晰、简洁、实用等要求。征求意见稿中的某些科目设置值得我们进一步推敲。

关于"财产处置净损益"科目。"处置"可能包括出卖、赠与、丢弃等行为，应该将"财产处置净损益"改为"财产变现损益"，"变现"一词更能直观地体现财产变现的本意。

关于"计量基础调整净损益"科目。该科目核算破产企业在破产清算期间按照清算价值调整财产账面价值以及按照清偿价值调整债务账面价值产生的净损益，改为"账面调整净损益"似乎更简洁、清晰。

关于"累计清算净损益""当期清算净损益"科目。这两个科目的设置有些过于繁杂，将余额与发生额分设两个科目没有必要，应该将其合并为"清算损益"。

此外，从总体上看，征求意见稿中关于破产清算会计科目的设置未能体现破产法对相关财产分类、债务分类及其偿还的特点，不能满足破产清算会计信息披露的要求。为此，从破产会计与破产法的衔接、有助于破产法实施的角度出发，财产类应设置"担保财产""抵销财产""取得财产""取回财产""破产财产"等科目，债务类相应设置"应付破产费用""应付共益债务费用""担保债务""抵销债务""取回债务""破产债务"等科目，损益类设置"破产费用""共益费用""财产变现损益""清算损益"等科目。

关于破产清算会计报表。破产法的重要宗旨在于"公平清理债权债务，保护债权人和债务人的合法权益"，不同性质的债务需要依据相应的财产偿还（如上述破产会计科目的设置），建议将"破产财产状况表"中的财产、债务分为担保、非担保两类，分别反映担保财产、非担保财产、担保债务、非担保债务，体现破产清算环境下不同性质债务清偿的要求，满足有关破产会计信息的需要，尤其满足各类债权人债权管理的需要；将"破产现金流量表"改为"破产货币收支表"，并细化该表中的破产费用、公益债务的相关项目，以便更清晰、简洁地反映破产清算期间的现金流转情况。

上述意见建议也如实报告给财政部会计司，并以《新旧企业破产会计制度的比较与评价》为题，发表于《会计之友》2016年第22期。该征求意见稿经过修改后，以《企业破产清算有关会计处理规定》（财会〔2016〕23号）于2016年12月20日正式发布实施。

（三）破产拯救会计

1999年8月23日是我工作生活经历中的又一个转折点，这一天我从天津商学院转入北京工业大学入职，任经管学院会计系主任。9月份开学后不久的一天，在经管学院一楼大厅见到了时任经管学院院长的韩福荣教授，他身边还有一位身材魁梧的老先生。韩老师马上把我叫过去，向我介绍了这位老师，正是北京机械工业学院的王佩琦教授，来给经管学院的在职研究生班上课。虽然对王老师早有耳闻、看过王老师的文章，但见面还是第一次，没想到王老师如此平易近人，作为1934年出生的老教授，对我国会计制度、会计理

2019年春节看望王佩琪老师（中间为王老师及夫人）

论不仅有全面的了解，而且有很多独到的理解和见地。此后我经常联系王老师，到他家里做客聊天甚至吃饭，更多的是向他请教我国会计制度历史、过程及对目前会计制度的看法，当然也向王老师汇报我对破产会计的理解和相关想法，很快我们就成了难得的"忘年交"。由于王老师患有纤维瘤，经常去医院，手术过几次。一次他刚做完手术不久，我去看望，聊起他的纤维瘤手术，王老师说，已经这么大岁数了，治不治也没关系，活太大岁数也没意思，浪费资源。我问王老师，医院是不是具有减轻病人痛苦和延长人的生命的功能呢？王老师说，是的，医院是救死扶伤的地方，但有些不治之症没必要去医院，最后人财两空且遭受了不少治疗中的痛苦。我突然问到，如此是不是"破产清算"？没有到这个程度的可不可以叫挽救或拯救生命呢？王老师哈哈一笑：真是三句话不离本行！由此，我联想到破产和解、破产重整不就是企业的破产拯救吗？医护人员是天使，从事破产管理工作的人也应该是企业的天使呀！

我们通常将医生护士称之为"白衣天使"，因为他们救死扶伤，努力解除人们的病痛。当某个患者进入医院挂号后，医生将通过观察、检查、询问等方法手段了解患者的病情、病因并做出诊断，提出相关的治疗方案，为病人解除病痛施以援手，努力使病人尽快康复。当然，医生不是万能的，对某些疾病以及病入膏肓的病人也无能为力，出现病人不治死亡的情况，但不能因此抹杀医生的功绩，社会离不开医生、医院。因此我们说医生是美丽的、温暖的。

我们仔细研读、品味一下破产法，是否像一座医院？破产法实施中的法官、律师、会计师、税务师、资产评估师等像不像不同科

第三部分 结缘破产志不移

2019 年春节看望徐光武老师

室的医生呢？我国《企业破产法》第二条规定的企业破产界限是："企业法人不能清偿到期债务，并且资产不足以清偿全部债务或者明显缺乏清偿能力的，依照本法规定清理债务。"第七条规定的破产申请的条件是："债务人有本法第二条规定的情形，可以向人民法院提出重整、和解或者破产清算申请。债务人不能清偿到期债务，债权人可以向人民法院提出对债务人进行重整或者破产清算的申请。企业法人已解散但未清算或者未清算完毕，资产不足以清偿债务的，依法负有清算责任的人应当向人民法院申请破产清算。"无论债务人企业被提起破产和解、破产重整还是破产清算申请，只要法院受理了申请，就应该在受理申请的同时制定管理人，进驻该债务人企业，进行相关的破产管理工作。

企业达到破产界限意味着身体不舒服而到医院挂号。如果法院裁定其破产和解，意味着该企业主要是债权债务关系问题，只是暂时的财务困难，经过债权债务双方和解即可实现债务人摆脱财务困境，回到正常经营轨道。如此相当于患者只是头疼感冒，没有其他严重的慢性病患，更不会危及生命，患者通过简单的吃药、打针即可解决头疼、发烧等问题，很快痊愈。如果法院裁决其破产重整，债务人企业或管理人应制定包括债务人的经营方案、债权分类、债权调整方案、债权受偿方案、重整计划的执行期限、重整计划执行的监督期限在内的破产重整计划草案，提交债权人会议讨论通过并经法院裁定后进入重整期间，至破产重整计划执行完毕后重整期间结束，重整计划由债务人执行、管理人监督。在重整期间，对债务人的特定财产享有的担保权暂停行使；债务人或者管理人为继续营业而借款的，可以为该借款设定担保；债务人的出资人不得请求投

中国会计学会高等工科院校教学专业委员会2001年年会（第三排左五为作者）

资收益分配；债务人的董事、监事、高级管理人员不得向第三人转让其持有的债务人的股权。可见，破产重整相当于患者入院后检查出严重的病患，需要进行诸如换肝、换肾等大手术，需要进ICU观察、恢复治疗，当病情稳定后转入普通病房并在符合出院条件的适当时机办理出院。如果法院裁定债务人企业破产清算，则债务人称为破产人，债务人财产称为破产财产，人民法院受理破产申请时对债务人享有的债权称为破产债权，管理人应当及时拟订破产财产变价方案，经债权人会议通过或者人民法院裁定后，适时变价出售破产财产；之后应拟订破产财产分配方案，经债权人会议讨论通过、法院裁定后由管理人实施财产分配，分配完结后未受清偿的债权依法豁免，并向人民法院提交破产财产分配报告，并提请人民法院裁定终结破产程序。如果上述破产和解失败、破产重整失败将转入破产清算程序，类似于头疼感冒患者由于引起基础病复发等原因而不治死亡，或动了大手术的患者没有挺过手术危险期而不治身亡，直接被宣告破产清算的企业相当于患者入院前已经死亡。企业的破产清算就是患者被出具死亡证明、宣告死亡的后事处理。

  与上述三类破产案件的实施相适应，相继出现了破产和解会计、破产重整会计、破产清算会计，前两部分可以称之为破产拯救会计，其中的破产和解会计主要表现为接管法院受理和解申请的企业的会计档案和会计工作，处理和解成立前的会计事务；和解协议获得债权人会议通过、得到法院认可而终止和解程序时向债务人移交相关会计档案和会计工作；当和解协议未获得债权人会议通过或虽然获得通过但没有得到法院认可而转入破产清算时，向清算人的会计人员移交相关会计档案和会计工作；向管理人等编报相关财务会计报告等。破产重整会计主要是接管并审核重整企业资产、负债及所有者权益；参与制订重整计划草案、重整可行性报告；反映和监督重整计划执行情况；提交相关财务会计报告；向重整成功企业会计人员或重整失败后破产清算会计人员移交相关会计档案等。破产清算会计主要是接管破产人会计档案和会计工作；清理破产人财产；从事破产人法定民事活动的会计处理；确认各项债权债务；估价变现破产财产；分配破产财产；从事破产清算会计核算；回答债权人会议等相关机构和人员的咨询；报告破产清算工作；办理破产案件终结手续等。可以说，破产拯救在于"治病救人"，破产清算在于"尊重活人"，目标都在于优化资源配置、提高资源的利用效率，与正常企业管控的目标并无二致，作为融合于破产法实施的破产会计难道不美吗？其中的破产和解会计、破产重整会计散发着浓浓的"仁爱"之美，破产清算会计蕴含着"尊重"之美，破产清算会计中的担保财产与担保债务、抵销财产与抵销债务、取回财产与取回债务等包含着简洁美、对称美，清算资产负债表包含着平衡美，破产会计信息的报告包含着连贯美，等等。

王老师不仅给予我非常多的专业指导，也为我提供了更广泛的交流机会，作为中国会计学会高等工科院校教学专业委员会主任，他推荐我参加了1999年10月由西安理工大学承办的"中国会计学会高等工科院校教学专业委员会1999年年会"，后来成为该委员会的常务理事，参加了2006年以前的年会（因2006年调入首都经济贸易大学工作，离开了工科院校）。此期间也结识了同样是北京机械工业学院的徐光武教授，他们都给予了我非常大的专业帮助和人生启迪。

在 2000 年春节看望王老师时，结识了后来给我很多帮助的好朋友陈胜华（现任兴华会计师事务所有限责任公司董事长）、张志凤（现任北京信息科技大学教授）、闫华红（现任首都经济贸易大学会计学院教授）、沈怡瑄（现任北京信息科技大学副教授）、宁宇（现任北京信息科技大学副教授）、杨闻萍等王老师的学生。当天在王老师家看到了他的讲稿，字迹工整干净，令我们都非常惊讶，随之我们向王老师讨要了这些"宝贝"，我也带回来一小本。

2000 年在天津财经大学读博期间，为了查找资料我常在国家图书馆翻阅，偶然发现了 Frisby 和 Sandra 合著的《Corporate Rescue》一书，该书论述了企业失败的种种原因及相关的拯救策略和措施，突然想到破产法中的破产重整、破产和解不也是对企业的拯救吗？由此产生了建立"企业破产拯救会计"的想法。抱着这些初步想法，又去金台路请教王佩琦老师，"现代企业破产制度是以破产重整为主、破产清算为辅的制度，重在挽救频临破产的企业，是再建主义的破产制度，那么破产拯救会计的提法是否成立？是否可以构建出破产拯救会计的基本内容架构和理论架构？"王老师听了我的基本想法后沉思片刻，突然说道，医院不就是拯救病人吗？拯救病人需要先检查诊断，然后给出治疗方案，开展治疗工作，有一系列医疗工作内容，当然也有一套医学理论，依据破产法提出拯救会计很有新意，也有很多需要研究解决的难题，应该好好研究一下。得到王老师的充分肯定，令我十分兴奋和自信，随后便在破产法修订意见基础上，查阅有关企业拯救、风险管理、债务管理、危机管理等方面的论著，初步形成了企业破产拯救会计内容和理论的基本轮廓，形成的"企业拯救会计初探"一文发表于《现代财经》2002

年第 3 期,"关于企业拯救会计及其理论框架的探讨"发表于《北京工业大学学报(社学会科学版)》2016 年第 1 期,"企业拯救会计理论基础探析"发表于《中国农业会计》2006 年第 5 期。

1. 破产拯救会计内容的构想

我们认为,企业经营失败是市场经济中价值规律作用的必然结果,破产既是经营失败的标志,也是经营失败的终极结果之一。破产和解、破产重整的直接目的是努力使债务人改善财务状况、恢复到正常的经营轨道,实际上是对债务人的拯救,其中除了程序上的法律问题外,更重要的是一些特殊的财务、会计问题,研究和建立企业拯救会计具有较大的理论价值和现实意义。

在新破产法中,破产和解、破产重整、破产清算统称为破产案件,其中和解协议的实施主体与重整计划的实施主体都是债务人企业,清算程序的实施主体是管理人,而债务人又要为各相关人的管理、监督工作提供相关服务,债权人的行为及其利益则贯穿于各类破产案件之中,形成了包括和解、重整、清算三类破产案件的债务人会计、债权人会计、管理人会计,其中作为破产清算案件的清算会计,是债务人通过和解或重整失败后已经"死亡"的会计,已经不具有拯救的意义。因此,我们可以将属于破产和解、破产重整的有关会计作为企业拯救会计,而将包括企业破产清算会计在内的处于破产程序、列入破产案件的一系列会计称为企业破产会计,又进一步分为企业拯救会计和企业清算会计两个部分。破产和解会计与破产重整会计主要研究如何使已经达到破产界限的企业走出困境、避免破产清算厄运等理论与实务问题；清算会计主要研究企业一旦拯救失败而进入破产清算程序后，如何依法公平地进行财产分配，保护债权人、债务人合法权益等理论与实务问题。我们可以将和解企业称为和解人、重整企业称为重整人、清算企业称为清算人。如表3-4所示。

表3-4 企业拯救会计与企业破产会计关系

破产案件	主要关系人				相关会计分类			
破产和解	人民法院	管理人	债权人	债务人	债权人会计	和解人会计	破产和解会计	企业拯救会计	企业破产会计
破产重整						重整人会计	破产重整会计		
破产清算						清算人会计	破产清算会计		

可见，企业破产拯救会计是指以《企业破产法》为基本依托，以达到破产界限为企业失败的基本标志，对进入破产程序企业的资金运动进行反映与监督，旨在挽救企业的会计管理活动。那么，如何理解破产和解会计与破产重整会计？常规的债务重组准则是否可以代替呢？其实，除了相关会计核算，还有核算以外的相关会计工作需要我们重新认识。

（1）破产和解会计。破产和解会计（以下简称"和解会计"）是指进入破产程序的债务人与债权人之间有关和解方面的会计工作。根据破产法规定，和解程序主要包括和解申请、和解协议的表决与裁决、和解协议的执行三个部分，和解会计工作也可以相应分为三个部分：

一是和解申请的会计工作。债务人可以依照破产法规定，直接向人民法院申请和解，申请和解同时应当提出和解协议草案；债务人也可以在人民法院受理破产申请后、被宣告破产前，向人民法院申请和解。此时债务人会计的核心问题是有关和解协议草案内容的设计、测算与评价，其中的难点在于各项条款兑现的可行性分析论证，包括企业内部环境与外部环境的正确估价、未来有关因素的变动方向和变动幅度的合理预测等。

二是和解协议表决与裁决的会计工作。人民法院经审查认为和解申请符合法律规定的，应当裁定和解，予以公告，并召集债权人会议讨论和解协议草案。债权人会议审议的主要内容和重点在于：和解原因的可靠性、债权清册的真实性、和解措施的可行性、和解期限的合理性、偿债方案的公正性以及担保方式的有效性等。债权人会议通过和解协议的，由人民法院裁定认可，终止和解程序，并予以公告，管理人应当向债务人移交财产和营业事务，并向人民法院提交执行职务的报告。如果和解协议草案经债权人会议表决未获得通过，或者已经债权人会议通过的和解协议未获得人民法院认可的，人民法院应当裁定终止和解程序，并宣告债务人破产；如果因为债务人的欺诈或者其他违法行为而成立的和解协议，人民法院应当裁定无效，并宣告债务人破产。

三是和解协议执行的会计工作。债务人正式终结和解程序、进入和解协议履行期间后，应严格按照和解协议的约定组织各项财务活动，努力增大现金流入量、控制现金流出量，保证和解协议全面、按期履行，及时调整财务策略，包括投资的调整、营销方式的调整、应收项目的调整、存货的调整等。在这一过程中，债权人主要监督债务人是否严格履行和解协议，是否有在时间上、金额上优惠个别债权人而损害其他和解债权人的行为。当然，不属于和解债权人（指在人民法院受理破产案件前对债务人享有债权的人）的，债务人有权拒绝按照协议条款偿债的要求。债务人按照和解协议减免的债务，自和解协议执行完毕时起，债务人不再承担清偿责任。如果债务人不能执行或者不执行和解协议的，人民法院经和解债权人请求，应当裁定终止和解协议的执行，并宣告债务人破产。人民法院裁定终止和解协议执行的，和解债权人在和解协议中做出的债权调整的承诺失去效力，和解债权人因执行和解协议所受的清偿仍然有效，和解债权未受清偿的部分作为破产债权。

可见，和解会计涉及债务人会计与债权人会计两个方面。其中，债务人会计的主要工作包括提出和解申请、提出和解协议草案、执行和解协议三项内容；债权人会计的主要工作是监督和解协议的执行。

(2) 破产重整会计。破产重整会计（以下简称"重整会计"）是指对进入破产重整程序的企业依法进行债务调整、企业调整，旨在拯救债务人、摆脱财务困境和破产清算厄运，实现企业复兴等方面的会计工作。

根据新破产法，债务人或者债权人可以直接向人民法院申请对债务人进行重整；债权人申请对债务人进行破产清算的，在人民法院受理破产申请后、宣告债务人破产前，债务人或者出资额占债务人注册资本 1/10 以上的出资人，可以向人民法院申请重整。自人民法院裁定债务人重整之日起至重整程序终止，为重整期间。在重整期间，经债务人申请，人民法院批准，债务人可以在管理人的监督下自行管理财产和营业事务，已接管债务人财产和营业事务的管理人应当向债务人移交财产和营业事务；管理人负责管理财产和营业事务的，可以聘任债务人的经营管理人员负责营业事务。债务人或者管理人应当自人民法院裁定债务人重整之日起六个月内，同时向人民法院和债权人会议提交重整计划草案。债务人自行管理财产和营业事务的，由债务人制作重整计划草案；管理人负责管理财产和营业事务的，由管理人制作重整计划草案。人民法院应当自收到重整计划草案之日起三十日内召开债权人会议，对重整计划草案进行表决，该草案通过并经过人民法院裁定批准后，已接管财产和营业事务的管理人应当向债务人移交财产和营业事务，重整计划由债务人负责执行，管理人监督重整计划的执行，债务人应当向管理人报告重整计划执行情况和债务人财务状况；监督期届满时，管理人应当向人民法院提交监督报告。自监督报告提交之日起，管理人的监督职责终止；按照重整计划减免的债务，自重整计划执行完毕时起，债务人不再承担清偿责任；债务人不能执行或者不执行重整计划的，人民法院经管理人或者利害关系人请求，应当裁定终止重整计划的执行，并宣告债务人破产，债权人在重整计划中做出的债权调整的承诺失去效力，债权人因执行重整计划所受的清偿仍然有效，债权未受清偿的部分作为破产债权。

重整会计的主要内容：进行债务分类（有财产担保债务、应付职工薪酬、应交税费、普通债务等），参与拟订重整计划（降低清偿额、延期偿还、变更偿债条件、债权转股权等），参与企业重整价值评估，执行和监督重整计划等。

可见，重整会计涉及并主要处理的关系包括债权债务关系、物权关系、投资关系、劳动关系、税收关系、财产关系等，涉及管理人、债务人、债权人、投资人、企业员工等多方面关系人，包括债务人、债权人和管理人三个方面的会计工作。其中债务人的会计工作主要包括提出重整申请、移交重整企业、参与重整计划的制订工作、协助重整计划的执行等内容；债权人的会计工作主要包括提出对债务人的重整申请、审议重整计划草案、向管理人提出有关质询、监督重整计划的执行等内容；管理人的会计工作主要包括接管并审核重整企业财务状况、制定重整计划草案、制定重整可行性报告、提出批准重整计划的申请、监督重整计划执行、提交执行报告等内容。

从上述基本内容不难看出，企业拯救会计范围宽泛、内容丰富、主体复杂、方法多样，在理论上也具有更多的问题有待我们研究探讨。

2.企业破产拯救会计理论的构想

我们通常研究的会计理论框架，是正常经营企业的会计理论框架，包括会计理论研究方法、会计基本理论、会计应用理论三个部分（吴水彭，1996），或分为环境、会计理论研究方法、会计基础理论、会计基本概念、会计应用理论五个部分（卢永华，2000），主要涉及会计环境、会计定义、会计职能、会计对象、会计假设、会计目标、会计要素、会计确认与计量、会计报告等内容。

作为会计学组成部分的企业拯救会计，其理论框架自然也应该包括上述基本内容，但在具体构成与内容上仍存在一些值得我们深入研究和探讨的独特之处。例如，企业拯救涵盖和解、重整两类企业存在状态，不同状态下的会计问题有所不同，因此其重心不仅与正常企业不同，在两种不同状态中也不尽相同，会计理论框架中应增加"会计重心"。此外，企业拯救处于破产程序之中，与正常企业的法律环境存在较大差异；企业拯救的基本目标是恢复正常经营状态，现金流量是首要的考核指标，在会计目标上与正常企业也截然不同，如此等等。总之，由于环境的特殊性，使得企业拯救会计理论框架呈现出自己的特色内容和结构，如图3-1所示。

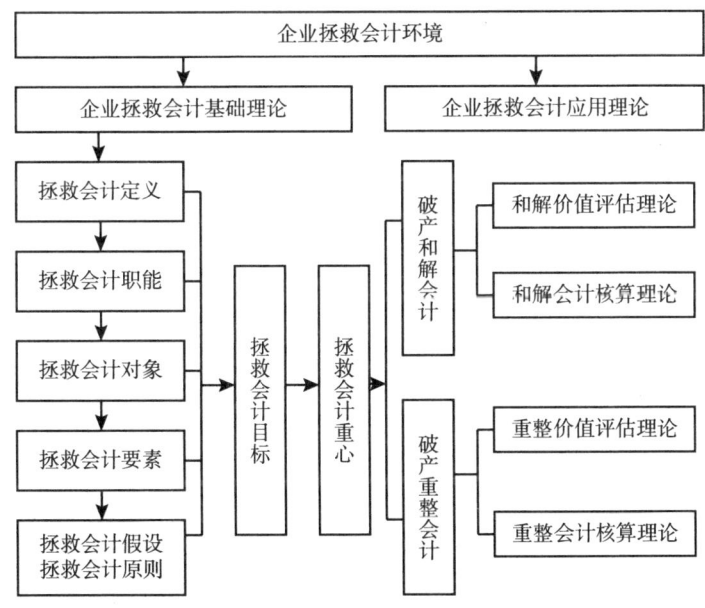

图3-1 企业拯救会计理论框架

上述企业拯救会计理论框架中，有关企业拯救会计（以下简称"拯救会计"）定义、职能、对象以及具体核算的四个环节，或者上述已经提及，或者与正常企业大致相同，但平常拯救会计环境、主体、目标、重心、程序等则具有较明显的特殊性。

（1）拯救会计环境。与通常所讲的会计环境一样，拯救会计环境也主要包括政治、经济、法律、科技、文化、教育等方面，其中影响较为直接的包括政治、经济、法律环境。例如，在政治环境方面，1982年党的十二大明确提出到20世纪末力争使全国工农业的年总产值翻两番的奋斗目标，要求继续坚定不移地贯彻执行调整、改革、整顿、提高的方针，坚持国营经济的主导地位和发展多种经济形式、正确贯彻计划经济为主、市场调节为辅原则的要求；1984年党的十二届三中全会通过了《中共中央关于经济体制改革的决定》这一纲领性文件，要求进一步贯彻执行对内搞活经济、对外实行开放的方针。在经济环境方面，1983年第六届全国人民代表大会第一次会议上的政府工作报告，要求根据计划经济为主、市场调节为辅的原则，按照企业、产品和任务的不同，分别采取指令性计划、指导性计划和市场调节三种管理办法；按照社会化大生产的要求组织生产和流通，发展统一的社会主义市场。在法律方面，1981第五届全国人民代表大会第四次会议通过了《中华人民共和国经济合同法》《中华人民共和国外国企业所得税法》，1982年第五届全国人民代表大会常务委员会第二十四次会议通过《中华人民共和国商标法》，1984第六届全国人民代表大会常务委员会第四次会议通过了《中华人民共和国专利法》，在企业独立经营、知识产权保护等方面构建了坚实基础。在此环境下，经国务院批准，国务院经济法规研究中心邀集有关部门于1985年1月30日成立了《企业破产法》起草小组（曹思源，1996），于1986年12月2日第六届全国人大常委会第十八次会议通过了《中华人民共和国企业破产法（试行）》，于1988年11月1日正式实施。而随着计划经济与市场调节相结合时期（1988~1991年）、构建社会主义市场经济体制（1992年以来）的发展，企业破产法以及破产实践的政治、经济、法律环境发生了深刻而巨大的变化，特别是2001年加入WTO以来，有关法规建设、经济运行、会计规则等方面逐步在与国际惯例协调，我国的企业破产法也由清算主义转向再建主义，破产会计的重新整合变得更为重要与迫切。可以说，没有破产法的转向，就没有破产会计的转向，也就没有企业拯救会计存在的基础。无论怎样，政治、经济、法律环境对拯救会计的影响是直接、深刻的，并将随着我国社会经济的发展产生更为广泛的影响。

（2）拯救会计主体。会计主体作为会计人员为之服务的特定单位，界定了会计核算的空间范围，而正常经营企业中的会计人员与会计主体是统一的，即会计人员是该会计主体中的成员之一。其实这里包含着会计工作的实施主体、对象主体、服务主体三个主体的统一：会计工作的实施主体是单位会计人员、会计工作的对象主体是会计人员服务的单位、会计工作的服务主体是该单位的管理部门。但在拯救会计中，基于挽救企业、公正有效地处理债权人与债务人利益关系这一宗旨，拯救会计的三个主体并非完全统一，呈现出一定的统一性与个性特点，如表3-5所示。

表3-5　　　　多重拯救会计主体及其内容特点

拯救会计	实施主体	对象主体	服务主体	拯救企业特点
破产和解会计	债务人会计人员	债务人	债权人	保持行为能力
破产重整会计	重整人会计人员	债务人	重整人	丧失行为能力
债权人会计	债权人会计人员	债务人、重整人	债权人会议	—

(3) 拯救会计目标。一般来讲，人们将会计目标界定为满足会计信息使用者的需要，其中主要包括会计信息使用者、提供会计信息的内容、提供会计信息的时间以及提供会计信息的方式四个方面。拯救会计目标尽管也是如此，但在具体目标上与正常企业大不相同。破产和解、破产重整等企业拯救的最终目标是避免企业破产清算、回归到正常经营的轨道。毫无疑问，拯救会计也是为此目标服务的，可以说，拯救会计的基本目标是满足企业拯救会计信息使用者的需要，都要按期以书面方式提供有关会计信息，但在具体目标及其相关内容上，则呈现出明显的特殊性，如表3-6所示。

表3-6　　　　拯救会计目标

拯救会计	基本会计目标	会计信息使用者	会计信息的主体内容
破产和解会计	实现与债权人的和解	债权人、债务人	和解协议的履行情况
破产重整会计	摆脱财务困境、实现正常财务运行机制	债权人、债务人、管理人、人民法院	企业重整计划的执行情况
债权人会计	债权受偿最大化	债权人会议	债务人和重整人会计行为的合法、有效、公允

(4) 拯救会计重心。正常会计的重心在于提高经济效益，和解会计、重整会计的重心是提高现金流动性，优化财务结构，提高偿债能力，或如期、全面履行和解协议，或全面实现重整计划；债权

人会计的重心则是维护债权人的合法权益,提高债权人的债权受偿比例。

(5) 拯救会计程序。和解会计始于和解申请,经过和解谈判、和解协的履行、和解费用的监控等,终结于和解成功而进入正常会计程序或和解失败而进入破产清算程序;重整会计始于管理人接管重整企业,经过重整计划的谋划、论证、与债权人的谈判、经过法院的审批、重整计划的实施及协调控制等,终结于重整成功而摆脱财务困境进入正常会计程序,或重整失败而进入破产清算程序;债权人会计始于债权人会议的成立,经过对债务人的和解、重整人的重整以及清算人的清算工作的会计监督,终结于债权人会议的撤销。

四、拓展破产会计

（一）破产重整价值评估

从1994年开始，为转换企业经营机制、建立现代企业制度、实现国有企业三年脱困，国务院于1994年10月25日发布《国务院关于在若干城市试行国有企业破产有关问题的通知》（国发〔1994〕59号），开展了"优化资本结构"试点工作，要求企业依法取得的土地使用权转让所得首先用于安置职工，企业在破产前为维持生产经营而向职工筹措的款项视为破产企业所欠职工的工资优先清偿，由此拉开了政策性破产的序幕。1997年3月2日国务院又发出了《关于在若干城市试行国有企业兼并破产和职工再就业有关问题的补充通知》（国发〔1997〕10号），规定凡纳入计划内的国有企业破产，即使其土地使用权被抵押，也应用其转让所得安置职工，不足部分还应以企业其他财产支付。截至2013年底，全国已经实施政策性关闭破产项目3658家国有企业。这一制度与破产法的宗旨严重背离，违背了担保法等相关法律规定，也不符合市场经济基本原则，一出台就受到了法学界、债权人企业的质疑和诟病。与此同时，针对1986年破产法的弊端，法学界从1994年开始就着手破产法的修改工作，历经十二年修改后，终于在 2006 年发布了修订后的破产法。而 1997 年财政部发布的破产会计制度基于政策性破产的要求，将如何适应破产法的变化而调整破产会计、拓展破产会计？破产会计何去何从？

1. 破产重整价值的确认

正值此时，我参加了由北京国家会计学院主办的破产法高级研修班，见到了慕名已久的中国政法大学王卫国教授、李曙光教授，向二位教授请教了关破产法的疑点难点问题，尤其对新破产法第七十一条"人民法院经审查认为重整申请符合本法规定的，应当裁定债务人重整，并予以公告"的规定非常疑惑，对八十七条规定债权人会议相关表决组未通过重整计划草案的，"债务人或者管理人可以申请人民法院批准重整计划草案"，那么人民法院依据什么裁定批准？法院还判断相关债务人的重整价值吗？如何判断？李曙光教授告诉我说，法院没有商业判断职能，需要有专业机构的评估确认，应该深入研究。由此给了我很大启发：企业一旦进入破产界限，是破产重整还是破产清算？应该如何判断、如何评估？

带着这些疑问，我带队于 2009 年 8 月 20 日，赴河北沧州进行破产重整的 ST 金牛公司调研，发现了三个问题：一是重整收益的确认。该公司豁免债务 44.6 亿元中，已经于 2007 年确认 20 亿元计入当期损益，剩余部分计划在重整完毕时计入损益。如此处理，是否合理合法？二是如何进行减持股份的计价和会计处理。股东中持股 10 万股以上（不包括 10 万股）的股东，每户无偿减持 11%，以让渡出资人权益。管理人将通过有偿转让股东让渡的股份，提高普通债权的重整清偿比例。若所让渡股份的实际变现价值发生变化，则以实际变现价值为准调整清偿比例。三是预留债权清偿款的预留比例。大额债权中，临时确定债权17家，债权额200270.32万元，其中50万元以内（含50万元）部分的债权额850万元，如果按30%需预留255万元；超过50万元部分的债权额为199420.32万元，如果按14.28%预留，需预留28477.22万元。小额债权中，临时确定债权3家，债权额27.21万元，按30%预留8.16万元。

同时，还有另一队教师去河北保定的ST宝硕调研，发现了另外三个问题：一是重整价值估价问题。关于股份公司重整的价值存在争议，具有不确定性，与债务重组会计准则中重整收益的规定不一致。二是重整计划的可行性问题。重组计划缺乏科学性、论证性和可行性，导致执行起来困难重重。例如，宝硕股份的重整方案拖了一年多仍然无法顺利完成。三是债务重组准则的规定与破产法不一致。如果债务重组将来无法履行，而重组收益已经确认，那么无法执行时如何处理？债务重组收益是当期全部确认还是分期确认？

之后我们又去上海的华源股份、杭州的浙江海纳等实施破产重整的上市公司调研，同样发现了一些有关破产重整价值评估及重整计划履行中的问题，我国上市公司的破产重整具有以下特征：

第一，重整上市公司的ST性质。从总体上看，我国企业重整的最大特征是，进行破产重整的上市公司集中于ST类上市公司。在沪深两市A股现有的2000多家上市公司中，戴上ST帽子的上市公司有100多家，其中净资产为负数即资不抵债的ST上市公司近40家。ST上市公司的最大问题通常是经营亏损和巨额债务。在新破产法实施前，除非自身扭亏为盈，要争取债权人同意减免债务十分困难，实践中也只有吉林纸业股份有限公司的债务和解等个别案例，ST上市公司如无法扭亏为盈，就面临退市。而上市资格（即"壳"资源）在我国还是稀缺资源。新破产法实施后，ST公司认识到破产重整可帮助其减免债务，为其扫除重组方案实施过程中的制度障碍，保住上市资格，因此纷纷进行重整。迄今为止，已完成或已进入破产重整程序的上市公司全部为ST类上市公司。

第二，破产重整申请条件宽松。如前所述，破产重整制度兼有拯救、复兴企业和债务清理的双重目的。为使破产重整制度的目的能更好地实现，与破产、和解申请条件相比，新破产法放宽了提起重整的条件。新破产法第七十条规定，债务人、债权人可以直接向人民法院申请对债务人进行重整；同时，债权人申请对债务人进行破产清算的，在人民法院受理破产申请后、宣告债务人破产前，债务人或者出资额占债务人注册资本1/10以上的出资人，可以向人民法院申请重整。

第三，担保物权受限。重整程序的启动，使相关权利受到限制，新破产法第七十三条至第七十七条规定，在重整期间，公司管理权、担保权行使、出资人收益权、高管人员股权转让、取回权都受到不同程度的限制；重整期间，对债务人的特定财产享有的担保权暂停行使。"限制担保物权的目的是为避免因担保财产的执行而影响债务人经营与重整的进行。"在重整制度中，有担保的债权人只是暂时不能行使其担保物权,但并不因此丧失担保物权。

第四,重整计划可以强制批准。新破产法第八十七条第二款规定,重整计划草案未获得各表决组一致通过时,如果符合法律规定的条件,法院可以直接以裁定的方式批准通过该重整计划。这一重整计划的强制批准,类似于美国破产重整制度中的强迫接受规则,但又不同于美国破产重整制度中的法庭"填塞"权,它必须符合法律规定的条件。在*ST宝硕破产重整案中,职工债权组、税款债权组、享有特定财产担保权的优先债权组表决通过了重整计划草案;出资人组表决通过了重整计划草案中关于出资人权益调整的方案;普通债权组表决同意票未能达到破产法规定的通过条件,但最终人民法院认为普通债权所获得的清偿比例,不低于其破产清算所能获得的清偿比例,重整计划草案符合新破产法第八十七条规定,裁定批准了该重整计划草案。

第五,重整计划内容的多样性。新破产法第八十一条规定了重整计划草案应包括的七项内容;实践中,重整计划的内容多种多样,只注重达到恢复经营能力、清偿债务、重组再生的目的,包括延期偿还、减免债务、核减或增加公司注册资本、债转股、股权补偿等各种方式迭出。在ST浙江海纳、沧化和宝硕的破产重整一案中,重整计划包括了股票让渡、代位清偿、股票抵债、债务豁免等多种方式。

第六,重整参与主体的多元化。在海纳、宝硕等破产重整案中,重整参与主体不仅包括债权人、债务人、债务人的出资者(股东)、管理人,还包括未来大股东、债务承接方等各种利害关系人。在破产重整过程中，如果实施破产清算，普通债权人所能获得的清偿比例为5%左右，而重整后的受偿比例高达30%左右；尽管让渡了部分股票，但由于重整后股价大幅上扬，非流通股股东所持股票的价值在重整后仍得到了提升。战略投资者以实业向其提供偿债资金，最终成为该上市公司的控股股东；新债权人承接了未设定担保的资产和债务，破产重整也成功确保了当地的社会稳定；作为债务人，重整后的ST公司不再亏损。可见通过重整，可以增进相关主体的利益，优化社会资源配置。

这里至少给我们提出了以下问题：债权人会议和出资人分组讨论重整计划草案时，依据什么标准表示同意或否决意见？据《法制日报》2008年6月1日报道，在2008年5月31日开幕的"第一届中国破产法论坛"上，最高人民法院副院长奚晓明指出，当重整计划不能得到当事人投票通过，转而向法院申请强制批准时，法院如何把握相关的条件和标准，以最大限度保护各方当事人的合法权益，同时又能使病态的企业获得新生？如此就需要进行债务人重整价值评估。但如何确定债务人的重整价值？债务人的重整价值评估与正常企业价值评估在评估环境、评估目标、评估内容、评估方法以至评估报告等方面有何不同？

濒临破产的企业，是选择破产重整还是破产清算，主要取决于债权人通过破产重整与破产清算所获得收益（即债权受偿比例）的比较。对此，程虹、袁国栋结合具体实例进行了比较系统的研究，提出了预破产收益、清算收益、重整收益三个概念，并设计了债权人的债务清偿模型（程虹、袁国栋，2007，以下称"程文"）。其中预破产收益是指在假定清算条件下债权人能够获得的债务清偿比例，清算收益是指企业实际清算中一般债权人能够获得的平均债务清偿比例，重整收益指债权人通过企业实施破产重整所能获得的平均债务清偿比例，如下式所示：

预破产收益=(有效资产×变现系数-清算费用-优先债务)/一般债务   ①

清算收益=(收回资产×变现系数-清算费用-优先债务)/一般债务   ②

重整收益=(有效资产-化债成本-优先债务)/一般债务   ③

通常：清算收益<预破产收益<重整收益，应该进行破产重整。

程文指出，"②中变现系数和清算费用都是实践数据""预破产收益是破产清算收益的理论估算值，与清算收益的实际值存在一些差异。"实际上，预破产收益、清算收益、重整收益都是理论估算值。文中以湖北省国际信托投资公司为例说明了预破产收益，以广东国投的实际破产清算结果说明清算收益，二者没有可比性，因此区分预破产收益与清算收益没有意义，通过重整收益与清算收益的比较确定重整价值比较合理。

鉴于上述，企业破产重整价值的评估对象是拟重整企业的重整价值，标准在于重整收益大于清算收益的重整价值，涉及的主要问题包括重整收益、清算收益、重整价值三个方面。

（1）重整收益的确认。重整收益是指普通债权人通过重整能够获得的债权受偿比例。这里包括普通债权受偿额与普通债权额两个方面，前者指普通债权人通过重整获得的受偿额，后者指债权总额扣除担保债权、共益债权、取回债权等别除权后的无担保债权。程文认为，"债权人的重整收益指债权人通过企业实施破产重整所能获得的平均债务清偿比例。"这里混淆了担保债权与非担保债权以及普通债权的区别，而且与其重整收益公式的分母有些自相矛盾。根据破产法规定，债权可以分为担保债权与无担保债权两类，后者包括取回债权、抵销债权、共益债权、破产债权等。担保债权指债务人为了保证债务的履行而提供担保的债权，根据我国《担保法》规定，包括财产抵押担保、财产留置担保、财产质押担保、定金担保以及保证担保；取回债权指债务人占有的、该财产权利人依法取回的权利；抵销债权指债权人与债务人互负债务时，债权就其等额部分与该债务抵销的债权；共益债权指债权人对破产企业为了全体债权人的共同利益而享有的债权；破产债权指除了上述债权之外的债权，包括职工债权、税收债权、普通债权。其中取回债权、抵销债权只是就相关财产的对消，一般不会产生差额；共益债权是必须依法全额优先受偿的债权；而担保债权就担保财产不足以清偿部分将并入普通债权，破产债权将依据职工债权、税收债权、普通债权的顺序受偿，不足清偿部分将按比例受偿。由此确认的普通债权如下：

普通债权=债权总额-共益债权-担保债权-取回债权
-抵销债权-职工债权-税收债权

(2) 重整收益的计量。重整收益之所以界定为普通债权受偿比例，是因为普通债权属于破产清算中处于最后受偿顺序，属于债权中的弱势群体。程文认为："企业重整中确定债务清偿比例是通过重整人（债务人）与债权人的谈判实现的，重整计划中针对不同性质的债权进行分组确定不同的债务清偿比例，然后分组表决是否通过，所以债权人的重整收益实际上不是计算出来的，而是通过谈判交易确定的。"表面看确实如此。重整计划能否通过，主要取决于担保债权、职工债权、税收债权、普通债权等各组债权人以及投资人组（如果重整计划中涉及股权变动）对重整计划的认可程度，取决于债权人与债务人之间的最终谈判。实际上，债权人与债务人的谈判结果依赖于谈判标的（重整计划）所能够带来的现金流量，包括重整计划中规定的重整期限内战略投资者引入、企业经营战略调整、产品调整、人力资源调整、财务战略调整、股权调整以及债权调整（债权人减让债权）等相关运作。因此，重整收益的计量呈现出动态性特点。而程文认为："企业实施重整不存在将企业所有资产变现的问题，即便重组或出售部分业务或资产也不存在变现的迫切性，其价值就等于当时的市场价值，因此重整企业能够用于偿还债权人的资产价值就所有有效资产的市场价值，扣除重整及化债成本以及优先债务，剩余的资产价值理论上均可用于偿还一般债权人的债务。"这里的重整收益被界定为基于静态下的财产变现假设前提，显然不符合破产重整的现实情况。此外，重整计划还涉及是否获得人民法院批准与是否能够执行两个方面。在重整计划讨论及人民法院裁决过程中，债权人和人民法院既要考虑重整计划中各类债权清偿的公平性，更要考虑该计划实施的可行性。因此重整收益的确定实际是对重整计划公平性、有效性、可行性及其现金流可靠性的评估。

(3) 清算收益的确认。清算收益是指普通债权人通过清算能够获得的债权受偿比例。程文认为："债权人的破产清算收益是指企业实际清算中一般债权人能够获得的平均债务清偿比例"。在这里该文也站错了时点，即债权人清算收益的确认与计量仍然处于预计状态，而不是"实际清算"。其次，破产清算中债权人的受偿来源于清算收入，而清算收入主要是清算财产的变现价值。因此这里的清算收益仍然属于预期收益，涉及清算财产清理、估价、变现以及破产费用、共益债务等各类债权的确认等方面的预判。

(4) 重整价值的确认。鉴于上述重整收益与清算收益的比较，我们将重整价值界定为重整收益与清算收益的差额。显然，企业重整的实现条件在于重整价值为正。重整价值是债务人能否持续经营的重要标志，是债务人资本结构、治理结构、生产经营战略、财务管理战略、资源配置效率、人力资源管理、技术创新管理等方面的综合反映。所以有人认为，对于破产企业而言，是选择清算还是重整取决于许多因素而并不仅仅是公司的净值，公司的成熟情况、债权的结构和资产的结构都是影响破产公司决策的重要因素（Bulow和Shoven，1978；White，1981，1983，1989）。重整价值的衡量不仅涉及债务人的方方面面，破产重整的安排还关系到董事、债权人、第三方、雇员、国家破产监管机构等关系人的权益，是各个相关者之间博弈的结果（David Brown，1996）。可以说，重整价值的最大化既是破产重整的基本目标，也是执行重整计划的基本原则，其具体评估方法也具有诸多独特之处。

2. 破产重整价值评估的方法

我们知道，企业价值评估理论起源于20世纪初美国经济学家艾尔文·费雪（Irving Fisher）的资本价值理论，经莫迪利安尼－米勒（F,modigliani and H.Mille）等人的完善和发展，逐渐建立了比较完整的企业价值评估理论体系。20世纪五十年代末，企业价值评估进入了实用阶段，七十年代出现了布莱克与斯科尔斯（Black and Scholes）的期权定价理论，八十年代末期引入实物期权评估理论，形成了成本法、收益法、市场法三类评估方法。但时至今日，现金流贴现方法仍是企业价值评估的主流方法。

Stuart C.Gilson等学者通过现金流量法和比较法等方法，对美国1984~1993年的61家重整企业的市场价值进行了研究。发现这些方法在评价重整企业价值方面的误差非常大，从小于20%到大于250%。造成这些误差的原因并非全部来自于模型假设本身，各利益相关者出于个人动机会高估或低估重整企业价值，缺乏信息也是造成评估误差的原因。对处于破产边缘的企业进行价值评估更为复杂和更加不准确（J.Evans，2003）。正因为如此，我们才需要由第三方进行破产重整价值评估，预计债权人的清算收益与重整收益，进而判断债务人的重整价值。

在程文的公式中，清算收益=(收回资产×变现系数-清算费用-

优先债务)/一般债务,"清算组实际能够收回的有效资产通过拍卖等方式进行真实变现,收回资产的变现收益用于支付所有债务和费用,在支付清算费用和劳动债务、税后债务等优先债务之后,最后剩余收益在一般债权人中进行分配。"这里至少有三点疑问:一是何谓"有效资产""实际能够收回的有效资产"?二是何谓"真实变现""变现系数"?三是收回资产的变现收益"支付清算费用和劳动债务、税后债务等优先债务之后"是否在一般债权人之间分配?从字面解释,"有效资产"应该是具有变现价值的资产,债务人被宣告破产清算时资产负债表中的待摊费用、商誉等资产实际上是不能变现的虚资产;而"实际能够收回"又可以理解为属于债务人所有、存储于他处的资产,如应收款项、对外投资等,而没有包括存在于债务人处的动产、不动产、各种权利资产;此外这一概念还可以理解为债务人所有资产中能够变现的资产。关于第二个疑问,"真实变现"在破产清算前是不存在的,"变现系数"源于经验推论还是理论计算以及如何确定则又是一个未知数。至于第三个疑问,则更让人感到费解,因为变现收益"支付清算费用和劳动债务、税后债务等优先债务之后"还有担保债务、共益债务需要偿还,如何直接偿还普通债务?

与清算收益相联系,程文对重整收益估价公式为:(有效资产-化债成本-优先债务)/一般债务,认为"企业重整收益体现在两个方面,一是资产整体价值大于各部分资产价值的总和,企业重整不需要分拆处理所有资产,即便出售部分业务或资产,一般也是整体出售,而且不像清算那样急需变现资产导致变现价值低于市场价值,其出售的价格一般等于市场价,甚至可能高于市场价。所以企业重整的整体收益大于清算收益；二是重整过程中的交易成本（化债成本）低于清算成本，因为债务人要想化解债务重整成功，必须为债权人利益考虑，同时也是自身利益考虑，这样不仅没有道德风险反而激励债务人节约成本、提高效率，而破产清算往往时间长、费用高"。这里有两个问题值得讨论：一是程文将重整收益界定为静态收益，假定重整企业整体出售的价值，与破产清算不同的是其计价不是清算价值，而是现实市场价值；二是由此得出的必然结论是，重整收益一定大于清算收益。如果真是如此，就没有重整价值评估的必要了，这显然有悖于重整价值评估的理论与现实。

因此，以重整收益与清算收益比较结果界定的重整价值，应该在相关环境评估基础上，针对破产重整与破产清算的特点，从动态角度评估重整收益、从静态角度评估清算价值，应采用多样性、多角度的评估方法，并进行综合评价。由于债权相对比较好界定，确定企业破产重整价值的主要难题在于破产重整与破产清算所能够带来现金净流入的估价。具体而言，重整企业处于持续经营状态，重整收益评估具有评估的整体性、动态性，属于"将来进行时"，可以根据重整计划草案及相关预算，评估重整期内现金流量，采用等定量方法，辅之以重整计划实现程度、外部环境配合程序等定性指标，构建定量与定性综合评价指数，在此基础上设计重整收益的综合评价指数；破产清算企业已经进入终止经营状态，清算收益主要取决于清算财产变现价值及其用于清偿普通债权的数额，其中财产变现价值属于"一般将来时"，可以采取清算价值估价法。如表3-7所示。

表3-7　　　　　　　　破产重整价值评估方法体系

重整收益评估方法	定量方法	DCF；EVA；期权估价法；相对估价模型等	综合重整收益	预期重整收益	重整价值
	定性方法	重整计划实现度；外部环境配合度	重整收益调整		
清算收益评估方法	定量方法	清算价值法	基本清算收益	预期清算收益	
	定性方法	外部环境配合度	清算收益调整		

3.破产重整收益的会计问题

针对调研中发现的破产重整收益的确认和计量问题，首先应该搞清楚这一收益的性质，分析其相关后果或影响，其次才是会计处理问题。

（1）破产重整收益的性质。根据我国《企业破产法》的规定，讨论重整计划草案的债权人会议，应设置财产担保债权组、职工债权组、税款债权组、普通债权组分组对重整计划草案进行表决，出席会议的同一表决组的债权人过半数同意重整计划草案，并且其所代表的债权额占该组债权总额的三分之二以上的，即为该组通过重整计划草案；重整计划草案涉及出资人权益调整事项的，应当设出资人组，对该事项进行表决；各表决组均通过重整计划草案时，重整计划即为通过；部分表决组未通过重整计划草案的，债务人或者管理人可以同未通过重整计划草案的表决组协商，该表决组可以在协商后再表决一次，未通过重整计划草案的表决组拒绝再次表决或者再次表决仍未通过重整计划草案，但重整计划草案符合条件的，债务人或者管理人可以申请人民法院批准重整计划草案。如果重整计划草案未获得通过且未依法获得批准，或者已通过的重整计划未获得批准的，人民法院应当裁定终止重整程序，并宣告债务人破产。

可见，与正常企业的债务重组收益不同，破产债务重组收益具有以下独特性：第一，债务人已进入破产重整程序，受到企业破产程序的约束以及人民法院、债权人会议、管理人的监管；第二，作为债权人让步的重组收益，来源于债务人与债权人会议达成协议并经过法院批准；第三，债务重整是债务人与债权人会议整体重整计划的一部分，并非是债权债务双方简单的债务化解方式；第四，重整收益的生效日是法院裁定破产重整计划的日期，不是债权债务双方达成债务重组协议或法院裁定该债务重组的日期；第五，债务重整的成功与否关系到债务人的存亡，而不仅仅是单项债务的灭失问题。

破产重整计划的上述规定以及破产债务重组的上述特点，决定了债务人重组收益的独特经济性质。重整计划是否获得债权人会议通过并得到法院认可，以及重整计划是否能够如期全面执行，关系到企业是否能够摆脱债务危机、避免破产清算的厄运。而重整计划的核心问题在于债务人各类债务的偿还方式、偿还数额、偿还时间是否得到债权人会议的表决通过及法院的认可；其涉及的债务豁免额及债务偿还期限的推迟，决定了债务人能否轻装上阵、实现重整目标、恢复正常经营。这既是对企业法人财产权的有效保护、对企业所拥有资源利用效率的重新鉴定，也是对企业所有者权益的拯救。另外，通过债务人的破产重整，债权人将获得高于债务人破产清算的债权受偿额，在挽救债务人的同时，债权人可以减少自己的债权损失。破产重整收益表面看是企业经营过程中获得的营业外收入，构成企业业绩的一部分，但本质上由于企业的净利润归所有者所有，这一重组收益又是对企业所有者被侵蚀本金的弥补；对债权人来说，破产重整收益是为了今后获得更多的债权受偿而付出的代价，属于对债权所有权做出的让步。因此，破产重整收益的经济实质是债务人处于破产程序中而获得的债权人的产权让渡。这一产权让渡是债务人重生的经济收益，是债务人与债权人集团整体博弈的结果并对所有债权人具有约束力，也是破产重整收益区别于正常企业债务重组收益的根本所在。

（2）破产重整收益的经济后果分析。从微观层面看，破产重整收益无论对债务人还是债权人都会产生积极的经济影响；从宏观角度看，破产重整收益也将并已经收到较大的社会效益。

第一，破产重整收益对债务人的经济收益。企业破产重整收益的直接受益者是债务人，改善了财务状况、保持了持续经营、促进了企业重生。重组收益一方面减少企业负债、降低企业资产负债率、提高所有者权益比率，从而改善企业财务状况，此外，由于将重组受益计入企业的营业外收入，将减少企业亏损（增加利润），有利于企业未来动态财务状况的改善。例如，*ST华源于2008年9月27日进入破产重整程序，2008年10月16日法院裁定重整，2008年12月24日通过重整计划，2009年4月12日前已按照重整计划清偿债务，对普通债权人的债权清偿率为1.09%，其债务重组收益率达98.91%（圣才学习网，2010）。

第二，破产重整收益对债权人的经济收益。对债权人来说，债权的让步固然造成了坏账损失。但从短期来看，通过破产重整避免债务人破产清算，可以获得较破产清算更多的债权受偿额；就长期分析而言，给予债务人休生养息的机会，促使其恢复元气、步入正常生产经营，有助于保持和提高其市场份额，促进其自身企业的发展。

第三，破产重整收益对所有者的经济收益。资不抵债是债务人进入破产程序的重要条件之一。如果债务人直接破产清算，其所有者将血本无归。例如，浙江海纳如果破产清算，所有非流通股股东和所有中小流通股股东的投资权益为零；如果破产重整，企业尚有一线生机，一旦拯救成功，企业恢复正常生产经营状态，所有者权益有可能变成正数，并通过企业的进一步发展而获益，事业将可能得到更大的发展。因此，企业的破产重整收益也是减少所有者损失、挽救所有者资本以至增值的重要基础之一。

第四，破产重整收益的宏观效益。债务人的破产重整收益促进了破产重整计划的成立并得到法院的认可，企业的破产重整不仅保证了债务人的持续经营，同时也保证了职工就业、避免了职工因为企业的动荡而失业，有利于减缓社会振荡、维护社会的稳定，为社会经济的发展提供平稳的环境。同时，企业破产重整可以最大限度地减少经济资源贬值、维护其整体经济价值，从而提高资源的利用效益。

当然，破产重整收益是债务人与债权人集体博弈并在债权人集体中少数服从多数的结果,将会损害少数不同意重组方案债权人的意愿。此外,破产债务重组中,通常大额债权人较小额债权人损失大,但局部损失将会通过全局状况的好转得到一定程度的弥补,无损于破产重整收益所带来的上述贡献。但如果不合理计量、确认甚至虚构破产重整收益,将扭曲会计信息披露中的财务状况、误导债权人和社会公众的判断、混淆资本市场信号以致引来破产清算之祸,使破产重整收益成为有害于资本市场和宏观经济的魔棒。因此如何合理计量以及何时确认破产重整收益,就显得至关重要。

(3) 破产重整收益的计量与确认问题。总体来看,破产重整收益是债务人获得的债务折让额,主要涉及资产抵债、股权抵债的折让额计量、修改债务条件以及何时确认重组收益,其中突出的难题在于股东缩股的计量、债务重组收益的确认两个方面。

第一,股东缩股的计量。*ST华源的破产重整计划规定,全体股东同比例缩减25%股本,控股股东华源集团让渡其持有的87%,其他股东分别让渡其持有的24%,该等股票均用于清偿债权及由重组方有条件受让。让渡的股票已按照重整计划规定的每100元本金受偿3.3股A股的比例划转到了债权人提供的股票账户中;未提供股票账户或股票账户不合格的债权人应受偿的股票以及为"未获偿债权"预留的600万股A股已划转到上海华源股份有限公司(破产企业财产处置专户);按照重整计划由重组方有条件受让的股票也已过户到其指定的股票账户内(圣才学习网,2010)。

ST沧化的破产重整计划中,出资人权益调整所涉及的出资人范围为截至2007年11月21日公司股票停牌日，登记在册的股东中持股10万股以上（不包括10万股）的股东，共计162家，占公司36076户在册股东的万分之四十五；10万股以上股东持股31488.43万股，占公司42142万股股本的74.72%。持股不足10万股(包括10万股)的股东，不属于本次调整范围。上述调整范围股东所持股份超过10万股以上的部分，每户无偿减持11%，共计减持3285.53万股，以让渡出资人权益。管理人将通过有偿转让股东让渡的股份，提高普通债权的重整清偿比例。若所让渡股份的实际变现价值发生变化，则以实际变现价值为准调整清偿比例（见沧州化学工业股份有限公司重整计划）。

ST宝硕的重组方案中，全体股东持股数量在1万股以下（含1万股）部分，让渡比例为10%；1万股以上5万股以下（含5万股）部分，让渡比例为20%；5万股以上300万股以下（含300万股）部分，让渡比例为30%；300万股以上2200万股以下（含2200万股）部分，让渡比例为40%；2200万股以上部分，让渡比例为75%。原股东让渡的部分股份，将由重组方有条件地受让，同时，重组方需对宝硕股份重组债务提供担保，并向宝硕股份注入优质资产和提供资金支持，以提高上市公司持续盈利能力（见河北宝硕股份有限公司重组方案公告）。

上述三家公司的股权让渡，本质上是债权人的债权转股权，按照让渡股权金额，债务人企业借记"应付账款"等账户、贷记"股本"等账户，债权人企业借记"长期股权投资"等账户、贷记"应收账款"等账户，双方按照折股金额与原债权债务金额的差额，调整营业外收入或营业外支出。这里的难题在于计价及其财务归属问题，让渡股权计价的高低直接关系到债务清偿率的高低及破产重整收益的计量，让渡的股权计价越高，偿债率越高，破产重整收益越低。而让渡股权的计价至少有以下五种选择：企业停牌价、停牌前一定时期（月、季、年等）平均价、复牌价、重整计划通过时的评估价、法院批准重整计划时的评估价。如果让渡的股权没有实际转让，则只能以估计价计量，而估价不能代替实际交易价；停牌价、复牌价都是时点价格，不能代表价格趋势。为了公平起见，建议对让渡股权采用停牌前一个月的平均交易价格计价。

第二，债务重组收益的确认。从企业破产重整实践看，债务重组收益的确认是其重要的财务难题之一。从理论上分析，这一收益的确认至少有以下十一种选择：破产重整计划获得债权人会议通过日全额确认或部分确认，破产重整计划获得法院裁定日全额确认或部分确认，破产重整债务开始清偿日全额确认或部分确认，破产重整债务清偿完毕日全额确认，破产重整计划开始执行日全额确认或部分确认，破产重整计划执行完毕日全额确认或部分确认。实务中的破产重整收益主要有以下三种确认时点和确认方式：一是法院裁定重整计划日全额确认，即债权人会议讨论通过重整计划后，该计划得到法院裁定的日期；二是重整计划执行完毕后全额确认；三是重整计划执行期间，以重整债务实际清偿完毕日全额确认重整收益。

上述破产重整收益的三种确认方式中，第一种方式（于法院裁定重整计划日全额确认），有利于改善企业财务会计报告中的财务状况及获利能力，有利于企业复牌及再融资，促进企业的复苏，但如果重整过程中债务人不能完全执行重整计划、履行相关债务清偿协议甚至重整失败,将引起原来确认的重组收益冲回,严重损害重整过程中有关会计信息的可靠性,是一种风险较大的处理方式。例如,2008年2月5日,*ST宝硕重整计划得到保定市中级人民法院批准,在2008年三季报中确认了20亿元的债务重组收益;2009年2月5日第二期债务到期时,*ST宝硕需要偿还包括约2.4亿元当期债务以及需随时偿还的约1亿元共益债务,但由于资金极度紧张,在承诺延期偿债后,仍未能履约。尽管如此,*ST宝硕在2008年报编制过程中仍然坚持要确认债务重组收益。由于证监会要求该公司根据企业会计准则的谨慎性原则恰当地做出专业判断,于是2009年3月公司公告,由于破产重整计划执行过程及结果存在重大不确定性,公司不能在2008年度确认破产重整债务重整收益,并在2009年4月披露的公司2008年报中将已在2008三季报中确认的债务重组收益冲回。

为了规避这些风险,同时避免债务人的财务造假,2009年5月19日证监会对上市公司2008年报监管问题解答中指出,不少ST类上市公司在法院批准重整计划后即确认债务重组收益,进入破产重整程序的公司对重整计划的履约能力存在重大不确定性的情况,强调对于包括破产重整中债务重组收益确认在内的重大专业判断事项,上市公司必须根据企业会计准则的谨慎性原则做出审慎判断,不得随意判断甚至不做判断。我国《企业破产法》第九十四条规定,按照重整计划减免的债务,自重整计划执行完毕时起,债务人不再承担清偿责任。为此,第二种方式(重整计划执行完毕后全额确认)便应运而生,是一种最为稳妥的收益确认方式,也符合破产法的精神。但这一方式也抹煞了第一种方式的优点,同时过于绝对化。如果重整债务获得了如期甚至提前清偿,虽然重整计划没有执行完毕,但偿债风险已经消除,应该确认其债务重整收益,这就是第三种方式。2007年9月,浙江海纳及重组方在按申报债权本金的25.35%清偿后,剩余本金债权、全部利息债权和其他债权予以减免,一次计入当期损益,其债务危机的连带担保责任也得到解除(见浙江海纳科技股份有限公司重整计划草案)。

应该说明的是,这里的破产重整收益不是债权人的破产重整收益(程虹、袁国栋,2007),也不是债务人破产重整收益减去清算受益后的重整价值(栾甫贵,2009),而是就债务人而言的债务重组利得,所以其收益的确认与相关风险具有伴生性。上述三种重整收益确认方式中,第一种方式带来了一定的风险,第二、第三种方式比较稳健。实际上,后两种方式是基于收付实现制,虽然比较可靠,但过于保守,损害了会计信息的有用性;第一种方式虽然存在一定的风险,但符合权责发生制,有利于提高会计信息的有用性,并有重整协议作为保重,其风险也是有限的,其终极风险在于债务人的破产清算。为了保证破产重整会计信息的有用性,应该坚持权责发生制,这是破产重整企业的持续经营特征所决定的。证监会的监管要求,可以通过相关监管部门和中介机构的监管得以实现,保证破产重整会计信息的可靠性。如果出于极度可靠性考虑,我们就不该采用公允价值计量,不该计提资产减值准备。我们不能因为个别破产重整上市公司重整债务未如期履行而放弃基本的会计规则。至于《企业破产法》第九十四条的相关规定,是从法律角度规定了解除债务人义务的时点,不能作为我们进行会计处理的唯一依据。

有鉴于此，破产重整债务的重整收益应于法院裁定企业重整计划时全额确认。

破产重整制度是我国企业破产制度中引入的最新制度之一，是企业运行制度中的一项重大变革，同时也带来了一系列相关财务、会计的难题。随着我国资本市场的进一步规范及发展，企业破产重整的案例将不断增加，有关破产重整财务、会计问题的研究将得到更广泛的重视。

（二）破产重整价值判断

破产重整价值评估解决了破产重整还是破产清算的基本依据，但还不能就此判断或裁决债务人企业是破产重整还是破产清算，还需要结合相关环境，综合考虑定性与定量、经济因素与社会因素等进行判断。既然是判断，就要有判断者、判断依据、判断原则或要求，提炼和构建企业破产重整价值判断的体系或框架，如图3-2所示。

1. 判断主体

由于破产重整企业自身情况的复杂性，单个自然人或某一个相关者无法获得充分信息做出准确判断，而需要诸多相关者的综合判断。

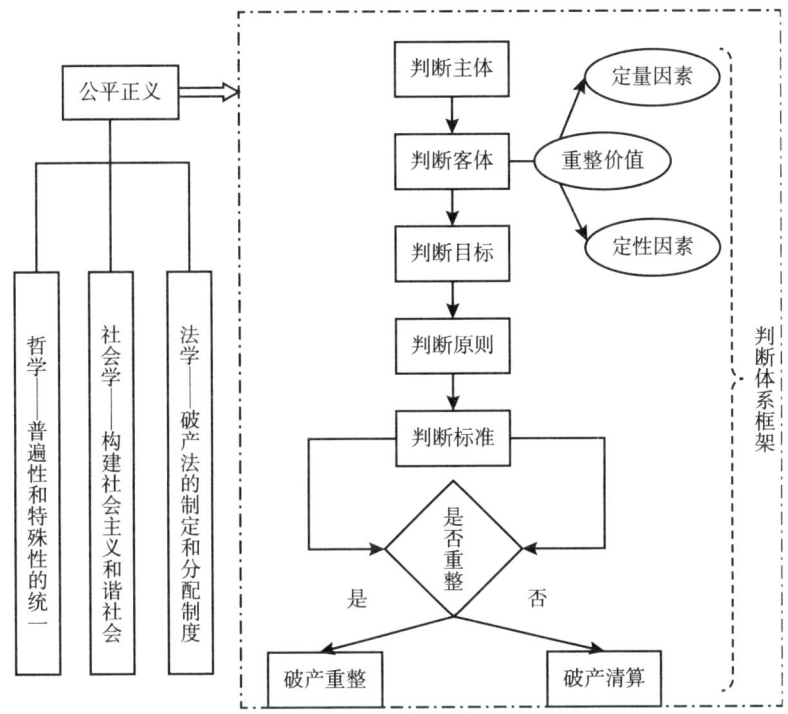

图3-2 破产重整价值判断体系构架

超日太阳能由于不能清偿到期债务，且资产不足以清偿全部债务，其债权人上海毅华金属材料有限公司向上海市第一中级人民法院提出破产重整的申请，由法院指定金杜律所和毕马威事务所担任管理人，由银信资产评估有限公司作为评估机构，为超日太阳能重整提供资产评估和偿债能力分析服务。管理人在与主要出资人、债权人、重组方、职工、政府进行沟通之后，在充分尊重评估机构的专业评估结论和偿债能力分析意见的前提下，制订重整计划提交债权人会议、出资人组会议表决以及法院裁定批准。

结合超日太阳能的重整计划草案以及重整程序来看，判断主体主要包括债务人、债权人、政府、职工、出资人/股东、管理人、重组方、人民法院，进入破产重整程序后，这些判断主体面临着复杂的格局，在各自追求利益最大化的本能下，权衡其利益，制订并通过重整计划的过程中，形成主要相关者在破产重整价值判断中的复杂关系，如图3-3所示。

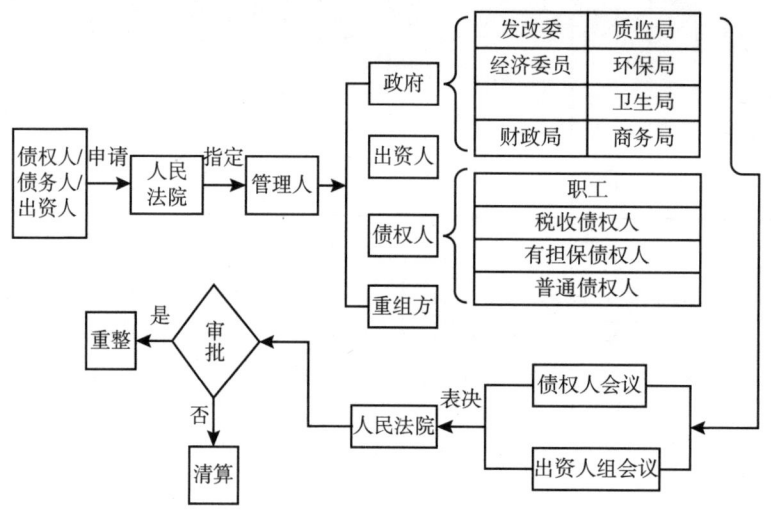

图3-3　判断主体在破产重整价值判断中的关系

2.判断客体

破产重整价值的判断，就是结合定量和定性因素判断企业现有资产的价值、未来获利能力以及偿债能力，做出进入破产界限的企业是进行破产重整还是破产清算，即确定重整价值。因此，重整价值就是破产重整价值判断的客体。重整价值判断建立在重整价值评估的基础上，重整价值评估重点是考虑重整收益与清算收益的定量因素（栾甫贵，2011）。本书的重整价值判断在该研究基础上，考虑各判断主体的价值观念，结合影响判断主体主观判断的定性因素来确定重整价值，结合超日太阳能和无锡尚德案例具体分析（李晓婷等，2013）。

从定量因素来看，一般情况下，重整定量收益与清算定量收益的计算如图3-4所示；当普通债权受偿额为零时，如图3-5所示；当破产费用不足支付时，应当终结重整程序，进行清算。

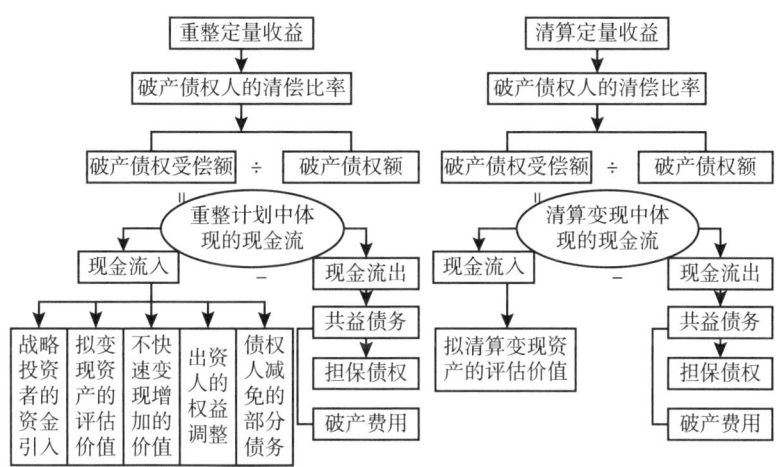

图3-4　一般情况下重整定量收益与清算定量收益的计算

从定性因素来看，主要考虑以下几方面：

第一，行业影响力。无锡尚德是世界上最大的太阳能光伏技术公司，也是我国光伏产业的"标杆"，对行业内其他企业的影响不言而喻。如果无锡尚德破产清算,势必会造成该行业的经济的低迷及动荡,更甚者会造成行业的消失。因此,从行业特征来讲,标杆企业一般会进行重整,而非清算。

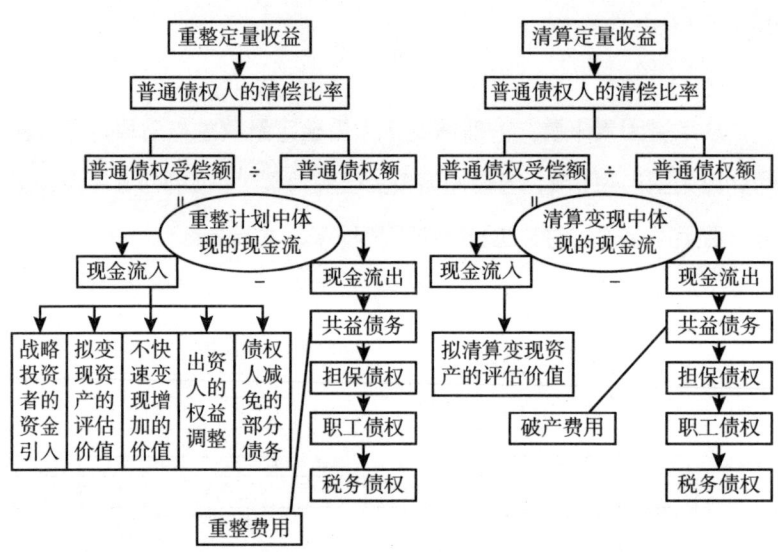

图 3-5　特殊情况下重整定量收益与清算定量收益的计算

第二,政府干预程度。无锡尚德的成立、选址、宣传、融资、扩张等一系列发展,直至成为行业"标杆",一路绿灯,归根结底是由政府主导支持的。面对这次破产危机,可想而知,政府为了追求政绩必然挺身而出,出面干涉,最终使无锡尚德从民营企业重整为国有控股企业。但是在拯救无锡尚德的同时,破坏了市场经济环境,不利于资源的有效配置。鉴于无锡尚德重整案例中政府的过度干涉所造成的不良影响,超日太阳能出现问题后,当地政府及相关企业的介入并不多。

第三，重整企业的舞弊行为。无锡尚德与关联公司之间的利益输送，严重侵害了尚德电力股东权益。主要指两个部分，第一部分指亚洲硅业，即施正荣家族控制的企业；第二部分是"荣德系"公司，即包括镇江荣德新能源科技有限公司、扬州荣德新能源科技有限公司和镇江仁德能源科技有限公司。无锡尚德与其关联公司之间的董事会成员高度重合，并进行了大量关联交易（魏开、华周超，2013）。基于无锡尚德与其关联公司频繁大额的关联交易和非常复杂持股结构问题，裁定无锡尚德进入破产重整程序后，梳理大量的关联公司的债权债务（李曙光，2013），如果关联方之间的资金业务往来系不正当关联交易，其关联公司可能会与无锡尚德一起合并重整（罗志恒，2013）。

第四，主要出资人的个人素养（主要指诚信、责任问题）。施正荣担任无锡尚德董事长，拥有75%的股份。作为主要出资人，他多次运用职权，通过关联交易，将资产转移到其家族控制的企业，掏空尚德，严重损害利益相关者的利益。并且经过诈捐事件、反担保欺诈事件，尚德信誉尽失，政府、银行、资本市场都对尚德表示质疑，股票也被海外投资机构降到了零元价值，诚信受到重大冲击。面对尚德的破产危机，无锡政府打算出手进行援助，代价是施正荣以全部个人资产做无限责任担保，但这一方案被施正荣严词拒绝，他的计划是保全个人利益，将无锡尚德破产。主要出资人的个人素养问题，加速了无锡尚德的危机，若不是其在行业中的地位以及政府的大力扶持，其早已消失在市场中。

第五，国际市场的影响。我国光伏产品的市场主要在国外，深受国际市场环境的影响。第一，在整个全球环境中，光伏产业的情况不容乐观：三家美国光伏企业破产，而德国政府也称将在2012年1月实施较预期幅度更大的下调太阳能补贴措施。在国际大趋势下，无锡尚德和超日太阳能必然受到冲击；第二，国外贸易战的影响。由于不满我国光伏产品企业的低价竞争，欧美均提出反倾销，"双反"措施给我国国内光伏企业造成重大影响；第三，国际金融危机的影响。金融危机导致光伏产品价格急剧下跌，造成国际市场需求的大幅下降，造成我国光伏企业的产能过剩；第四，对国际市场判断失误。我国光伏产业属于新兴产业，国际化经验不足，很多决策过于激进冒失，无锡尚德与超日太阳能产生破产原因的重要原因之一就是多次战略投资失误。以上因素，是造成无锡尚德与超日太阳能破产重整的国际市场因素，判断主体在进行重整价值判断是要考虑综合考虑国际市场因素，若造成企业破产的原因主要由于其本身无法避免的国际市场因素，则很大程度上值得重整。

第六，保障职工就业，维护社会稳定。无锡尚德成立已有十年之久，考虑到其发展规模和时间，拥有两千多名职工，如果清算，这两千多名职工将面临失业，易造成人心不稳、社会动荡、经济减缓。从社会价值角度出发，无锡尚德应该重整，这两千多名职工的妥善安置将获得不可估量的社会收益，促进社会人力资源的整合。

第七，是否属于战略性新兴产业。由于产能过剩、市场需求锐减等原因，无锡尚德资产负债率已高达81.8%，无法清偿到期债务。但是无锡尚德都属于光伏产业，太阳能光伏产业作为"战略性新兴产业"，再加上尚有优质资产运营能力，因此政府和社会在政策和经济上都给予大力支持。为了增强我国在该产业上的核心竞争力，提高自主创新能力，扩大国际市场，加强国际影响力，促进新兴产业蓬勃发展，只要该行业内的企业还有核心竞争优势，政府和社会一般都会力保其重整，不会让它破产清算。

3.判断目标

判断主体对重整价值进行判断，从理论上来讲，重整价值应大于清算价值，但是在实践中，由于重整价值判断受到判断主体主观因素的影响，则应综合考虑定量因素和定性因素，重整价值判断的宏观目标就是：在协调多元主体利益的基础上尽可能的实现社会价值最大化。

破产重整价值判断是一种理性判断。重整价值判断的主体，包括债权人、债务人、出资人、职工等，都是理性经济人，他们都追求自身利益最大化。在这种信息不对称的情况下，重整价值判断的微观目标是实现判断主体利益最大化。分为以下几方面：

第一，债务人追求企业价值最大化。债务人因为经营不善、战略投资失误、国际市场冲击等导致出现破产原因，希望通过债权人让步、政府扶持、重组方资金注入等方式来挽救企业，避免企业清算，实现企业可持续经营的长期稳定发展，在企业价值增长过程中满足各方利益相关者的利益。

第二，债权人/职工追求自身受偿价值最大化。具体体现为债权人通过破产重整获得的债权受偿率。债权人/职工之所以做出重整判断，是为了追求相比清算而言更高的债权受偿率。无锡尚德的职工债权、税收债权、担保债权的受偿比例是100%，普通债权的受偿比例由破产清算情况下的14.82%提高到31.55%。超日太阳能的"破产清算普通债权受偿率"是3.95%；为最大限度提升债权人的受偿水平，其"破产重整普通债权受偿率"：（1）每家普通债权人二十万元以下部分（含二十万元）的债权全额受偿。（2）普通债权超过二十万元部分按照20%的比例受偿。

第三，政府追求社会价值最大化。政府摆脱企业的局限性，站在整个社会甚至国际的高度，从大局、宏观上把握趋势，充当"有形的手"进行市场干预，不仅考虑企业本身的资源配置，更重要的是考虑行业和社会资源的有效配置，具有强制性、全局性的特点。规范资本市场行为，净化社会环境，保障职工就业，维护社会稳定，促进资源配置次优化，实现社会价值最大化。比如，无锡尚德两千多名职工能否妥善安置，严重影响到无锡市的社会稳定，是影响法院、政府进行重整价值判断的重要因素之一。

第四，管理人追求自身报酬和闲暇时间的最大化。管理人是破产案件受理后人民法院指定的，全面接管破产企业并负责破产财产的保管、清理、估价、处理和分配等事务的专门机构或人员。其报酬由人民法院决定，属于重整费用的一部分。实质上，相当于雇员，其效益体现在劳动报酬和享受闲暇时间上。为了实现自身效益最大化，管理人就会追求劳动报酬和享受闲暇的价值最大化。

第五，出资人/重组方追求投资收益最大化。股东通过股利分配和转让资本利得这两种方式取得利益，其中股利分配以公司可分配利润为基础，转让资本利得与公司经营效果、财产状况、发展趋势有关。可见，出资人的利益与企业的经营效果和资产状况密切相关，企业经营不善陷入财务困境，出资人将受到最直接的影响。若债务人企业破产清算，出资人将血本无归。因此，从出资人角度出发，基于获得投资回报的利益需求，成为支持企业重整成功的积极力量，可以通过企业复兴分享收益，但也应注意其自利倾向与其他利益主体的利益平衡，以保证破产重整制度的公平公正。重组方通过对破产企业的综合实力进行评估，若符合重组方的战略发展方向并在其可承受的范围之内，为了实现长远投资收益最大化，重组方就会为债务人注入资金。

4. 判断原则

第一，权益均衡原则。重整制度是一种体现社会本位的法律制度，必须兼顾、平衡各方利益，这是调动各判断主体积极参与、支持重整以保证重整成功的关键所在。权益均衡原则适用于破产重整程序的所有参与者，包括债务人、债权人、出资人、重组方、职工、政府、人民法院等。

第二，全面性原则。全面性原则要求判断主体全面分析债务人企业内外部各方面的特征，考虑影响破产企业价值的一切因素，从定量和定性角度、企业自身和外部、微观和宏观等方面综合判断重整价值。在进行重整价值判断时，不能单纯只考虑某一方面因素，要全面兼顾方可下结论。

第三，发展性原则。判断债务人企业重整价值，不仅需要考虑企业当下的经营状态，还需要结合当时的历史环境，用发展的眼光预测企业将来持续经营创造的价值。

第四，整体性原则。债务人企业作为一个整体，是由各单位、零部件、劳动者等构成，各组成部分密切联系，构成一个能够创造出比自身价值更大的价值的有机体。因此，对企业重整价值的判断，不能将企业各组成部分孤立开来，应该将其看成一个相互联系的有机体，用联系的眼光判断重整价值。

第五，效益性原则。判断主体在进行重整价值判断时要考虑到效益付出比，只有当企业重整创造的效益大于为此所付出的代价时，才判断重整。效益不仅包括经济效益，还包括社会效益。

5.判断标准

破产重整价值判断是以判断主体的内在尺度和需要为标准和依据所进行的，对重整价值的判断不能仅凭借判断主体的个人感情和直观感觉来进行判断，必须有一个统一尺度，从而判断工作才有章可循，有据可查。在协调多元主体利益的基础上尽可能的实现社会价值最大化就是进行重整价值判断的统一尺度。结合定量和定性因素，将判断标准具体分为以下四种情况：

第一,重整定量收益大于清算定量收益,且重整定性收益的权重比较大。重整价值大于零,则债权人会议、出资人组会议通过重整计划草案,进入重整计划执行阶段。结合超日太阳能重整计划草案,从定量指标来看,根据偿债能力分析报告,普通债权的清算受偿率为3.95%;而普通债权的重整受偿率约为20%。可见,债务重整清偿率高于债务清算清偿率近五倍。从定性因素来看,超日太阳能属于战略性新兴产业,拥有核心竞争力,技术设备较为先进,其生产企业还具有一定的生产能力,资金缺口不算太大,再加上A股上市公司的壳资源,超日太阳能值得拯救。结合定量和定性因素,超日太阳能应选择重整。

第二,重整定量收益大于清算定量收益,且清算定性收益的权重比较大。尽管企业重整定量收益大于零,但若造成严重不良的社会影响,造成社会舆论危机,也应当破产清算。比如石家庄市三鹿集团股份有限公司因一己私利,片面追求利润最大化,忽视产品质量,违法生产销售三聚氰胺严重超标的有毒产品,造成近三十万名问题奶粉受害者,产生一系列极其恶劣的影响,造成奶粉制造商乃至整个食品业的危机,导致经济衰退、社会动荡。因此,从定性因素来看,为了规范市场行为,重树食品信任,安抚大众民心,净化社会环境,对于此类企业应清算。

第三,重整定量收益小于清算定量收益,且重整定性收益的权重比较大。尽管从定量角度来讲,企业没有持续经营的必要,但从定性角度来看,企业重整会带来较大的定性收益,由此可能避免清算。无锡尚德资产负债率已高达81.8%,无法清偿到期债务。但是,从行业地位角度看，无锡尚德是光伏产业的"标杆"，它的兴衰成败对该行业产生举足轻重的影响；从发展趋势来看，属于战略性新兴企业，具有核心竞争力和优质资产，其发展前途受到政府和社会的青睐；从国际环境来看，导致无锡尚德破产原因的重要因素之一就是国际市场需求锐减，为了维护我国在国际市场上的地位，政府会干预拯救；从社会稳定性来看，如果清算，旗下的两千多名职工将面临失业，易造成人心不稳、社会动荡、经济减缓（杨蓉，2013）。因此，在政府的全力扶持下，无锡尚德"涅槃重生"。

第四，重整定量收益小于清算定量收益，且清算定性收益的权重比较大。不管从定量角度还是定性角度来看，重整收益均小于清算收益，破产清算在所难免。浙江宏昌制革有限公司年销售额不到3亿元，但其债务规模竟高达12.57亿元，净资产为-12586956.45元，资产负债率为110.76%，其中无法收回的应收款项达915016167.08元，实际负债率已高达244%，已明显出现破产原因且无法偿还到期债务已呈持续状态。宏昌曾荣获"企业信用等级AAA级""发展优胜企业""海宁市工业生产性投入前十强"等称号。但是这些都是表象，法人黄健利用职权便利通过关联交易转移公司财产，恶意透支、贷款，最终携款潜逃，严重损害判断主体利益，触犯国家法律，造成极其恶劣的社会影响。因此，宏昌难逃清算的命运，通过对其破产财产进行网络司法拍卖，实现债权人利益最大化。

综上所述，总结我国上市公司破产重整价值判断的标准如图3-6所示。

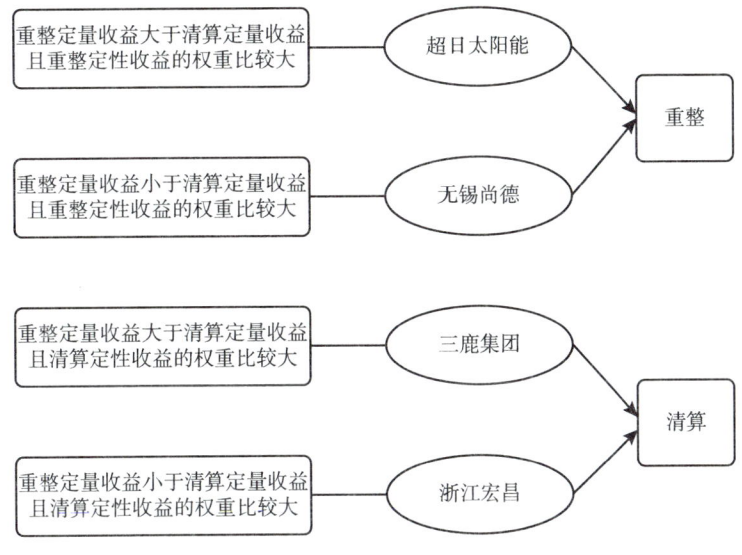

图3-6 破产重整价值判断的标准

（三）破产内部控制

在2009年调研破产重整企业期间，还上网查询了一些相关资料及案例，意外发现了某些破产企业相关人员的有关挪用、贪污、受贿等违法违规行为。例如，最高人民法院原副院长黄松有，1997年在担任广东省湛江市中级人民法院院长期间，利用职务便利，贪污湛江中美化工公司破产财产拍卖收入120万元（朱燕，2010）；广东国际信托投资公司破产清算组原副组长杨某，2002年任清算组副组长期间，利用职务便利收受三家拍卖行贿赂款247万元（浙江在线，2009）；原许昌市某柠檬酸厂破产清算组组长金满昌，于2005~2006年期间，利用职务便利挪用破产财产1330万元，贪污895万元（姚天生、金晓华，2007）。这些破产清算中的欺诈案件之所以层出不穷，与我国没有建立企业破产清算的内部控制制度及风险预警机制密不可分。

国内外的企业破产实践证明，企业破产与破产欺诈始终是一对孪生兄弟。破产欺诈不仅严重损害债权人的利益、破坏社会信用、扰乱社会经济秩序，还会增加社会不安定因素，损害和谐社会的建设。破产法也规定，在和解成程序中，"因债务人的欺诈或者其他违法行为而成立的和解协议，人民法院应当裁定无效，并宣告债务人破产。"在重整期间，"债务人有欺诈、恶意减少债务人财产或者其他显著不利于债权人的行为"，人民法院应当裁定终止重整程序，并宣告债务人破产。

早在2008年我国财政部等五部委就联合发布了《企业内部控制基本规范》以及即将发布的相关指引，但这些规范以及相关理论研究，是以企业正常经营为背景的，而近年来频频出现的破产重整与破产和解中相关关系人之间的纠纷，特别是破产清算中的舞弊、受贿、违法清算等行为，严重损害了债权人权益、玷污了破产法律制度、危害了社会稳定，为我们敲响了研究建立和完善破产企业内部控制制度的警钟，建立健全破产企业的内部控制制度，不仅有助于拓展内部控制研究领域、丰富内部控制理论，而且对于建立全面的资源利用监测网络、保护财产安全完整和债权人的合法权益，维护国家法律的权威性及良好的社会主义市场经济秩序，指导破产实践具有重要的理论价值和紧迫的现实意义。

对此，可以按照破产法中的破产和解、破产重整、破产清算等破产案例分别研究。

1.破产和解企业的内部控制

根据破产法规定，人民法院受理破产和解申请同时制定管理人，接管和解企业，人民法院经审查认为和解申请符合本法规定的，应当裁定和解，予以公告，并召集债权人会议讨论和解协议草案；债权人会议通过和解协议的、由人民法院裁定认可，终止和解程序，并予以公告，管理人应当向债务人移交财产和营业事务，并向人民法院提交执行职务的报告，此后债务人应当按照和解协议规定的条件清偿债务。由此可以看到，企业破产和解包含两个期间：一是和解期间，即人民法院受理破产和解申请至终结和解程序的期间；二是和解协议执行期间，即债务人按照和解协议规定偿还和解债务的期间。前者仍然属于破产程序之内，后者则脱离了破产程序，因此其相关关系人和控制内容有所不同，其治理结构和内部控制内容也不尽相同。

（1）和解期间的内部控制。由于和解是债务人与债权人之间就债务偿还的减免、展期等方面达成协议，企业仍然处于持续经营，原有的企业治理结构并没有发生本质改变，但企业已经进入破产程序，企业的生产经营活动由管理人接管，受到债权人的监控，其治理结构的特点，一是增加了管理人的管理，二是受到债权人的监督，三是受到破产程序的约束，四是存在原有治理结构与和解治理结构的衔接问题。其内在关系如图3-7所示：

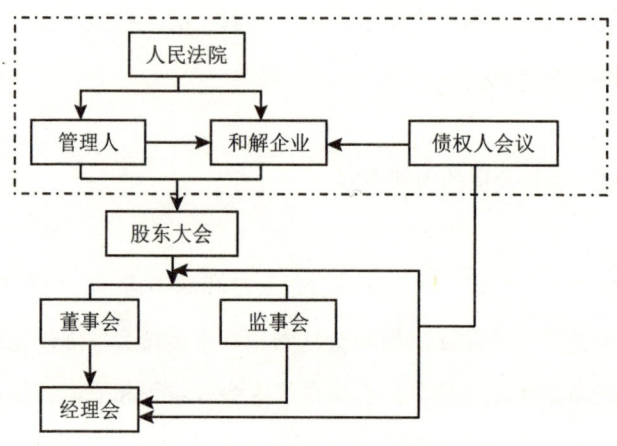

图 3-7 破产和解期间的治理结构

由于和解期间的关系人较为复杂,因此其内部控制内容也比较复杂,有关架构可以设计如表3-8所示。

表3-8 　　　破产和解期间的内部控制架构

控制要素	主体内容	控制重点
内部环境	和解治理结构；权责分配；和解草案；内部管理制度	和解治理结构
风险评估	风险识别（管理人印章刻制；管理人账户开设；破产和解企业接管；工作人员的聘用；合同清理与签订；和解债权的确认；相关法律诉讼；管理人报酬；管理人交接；相关责任人操守；管理人员能力；债务真实完整；程序合法性；财产保全；职工安定；社会经济环境；意外灾害环境等）；风险分析；风险应对（风险规避、风险降低、风险分担、风险承受）等	和解企业接管；和解债权的确认；风险分析

续表

控制要素	主体内容	控制重点
控制活动	和解程序控制；和解接管控制；和解授权控制；和解债权申报控制；和解业务控制；部门关系控制；日常经营活动控制；破产费用与共益债务控制；管理人报酬控制；合同履行控制；抵押财产控制；法律诉讼控制；档案归档控制等	和解债权申报控制；管理人报酬控制；破产费用与共益债务控制
信息沟通	和解债权申报；和解进程；财产清理报告；财产变动报告；财产管理报告；预算报告；职工债权清单；债权人会议咨询；破产费用与共益债务报告；企业财务会计报告等信息的收集、处理、传递、存储等	财产变动报告；财产管理报告
监督检查	日常监督（债权人委员会，管理人，监事会）；专项监督（和解债权的真实性与完整性、和解协议的合法性与可行性、取回权的行使等）	和解债权；和解协议

(2) 和解协议执行期间的内部控制。债权人会议通过和解协议、人民法院裁定认可后，将终止和解程序，管理人将向债务人移交财产和营业事务，并向人民法院提交执行职务的报告，和解程序宣告终结，和解期间结束，交由债务人自行管理企业、履行和解协议的各项偿债义务。但破产法又规定："债务人不能执行或者不执行和解协议的，人民法院经和解债权人请求，应当裁定终止和解协议的执行，并宣告债务人破产。"可见，企业财务活动及经营状况受置于和解债权人的监督之下，企业是否严格遵守和解协议，有没有损害债权人利益的行为以及能否按还款计划偿还债务等，是债权人最为关心的问题。如果发现和解企业财务状况持续恶化或不执行和解协议等，则意味着企业破产和解的失败，和解债权人有权向法院申请该企业的破产清算。为此，债权人必然密切注视债务人的各项活

动及其经营活动成果,及时掌握债务人真实完整的会计信息,评价和监控债务人会计信息质量也就成为债权人的一项重要内容。因此其治理结构除了正常企业的治理结构外,又加入了和解债权人和人民法院,如图3-8所示。

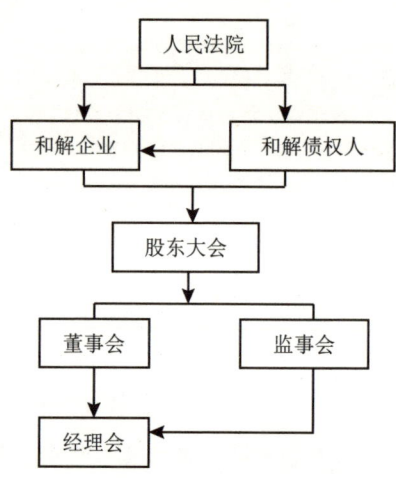

图3-8　和解协议执行期间的治理结构

和解协议执行期间,企业的核心任务在于不折不扣地履行和解协议、彻底摆脱破产程序的威胁。因此,应适时调整其内部控制重心,做好正常内部控制与和解协议履行期间内部控制的衔接整合,构建如表3-9所示的内部控制框架。

表3-9　　破产和解协议执行期间的内部控制架构

控制要素	主体内容	控制重点
内部环境	和解治理结构;权责分配;和解协议;内部管理制度	和解协议

续表

控制要素	主体内容	控制重点
风险评估	风险识别(破产和解企业接管；合同清理与签订；相关法律诉讼；相关责任人操守；管理人员能力；债务真实完整；偿债合法性；财产保全；职工安定；社会经济环境；意外灾害环境等)；风险分析；风险应对(风险规避、风险降低、风险分担、风险承受等)等	和解企业接回；和解债权的清偿；风险分析
控制活动	和解接管控制；和解授权控制；和解债权清偿控制；和解诉讼控制；部门关系控制；日常经营活动控制；合同履行控制；抵押财产控制；档案归档控制等	和解债权清偿控制
信息沟通	和解债权清偿报告；财产变动报告；财产管理报告；预算报告；企业财务会计报告等信息的收集、处理、传递、存储	和解债权清偿报告；财产变动报告
监督检查	日常监督(和解协议执行进度、执行中的问题与措施等监督)；专项监督(担保和解债权的清偿、取回权的行使等)	和解协议执行进度

2.破产重整企业的内部控制

(1)重整期间各关系人的利益冲突。在企业持续正常经营时，企业现金流足以应付到期债务或大部分到期债务，债权人一般会按照债权到期先后依次向企业偿债，各种利益主体之间冲突并不明显，比如到期债权与未到期债权、债权的清偿与工人工资的支付，还有税款的缴纳之间在企业没有破产时其各自的支取规则是既定的，并且是相安无事的，股东可以获得股息与红利，债权人可以获得债权的本金和利息，公司高级管理人员可以获得丰厚报酬与地位，职工可以获得工资收入，当地政府可以增加就业、征收税收等等。只有当企业破产之时，各关系人的利益冲突才同时涌现出来相互争夺进而发生支取的先后顺序问题（韩长印，2001）。

首先，债务人股东与债权人之间存在利益冲突。在破产重整中，会对重整企业的股权进行相应的调整，引入新股东，降低原股东的持股比例或者完全剥离原股东的股权，原有股东需要将股权作价转让给债权人，或者转让给战略投资者。而原股东转让股权的价格及比例，在大股东与小股东之间，股东与债权人之间，存在利益冲突。另外，在实践中，债务人企业往往借重整的机会，实行先剥离后重整的策略，将企业的有效资产全部或者部分从企业财产中转移出去，将拍卖的资产来抵偿债务，然后剩下一个空壳企业来应对重整，这样的话，债权人就得不到重整成功之后增加的利益。

其次，债权人之间存在利益冲突。显而易见，债权人同债务人股东以及职工之间存在着利益冲突，债权人要求企业清偿其到期债务，尤其是有担保权的债权人一般倾向于执行担保以兑现债权，而不关心担保物是否会因为拍卖而导致价值减损因而损害其他债权人的利益或者担保物有可能在未来增加价值以增加债权人利益。

最后，企业职工与债务人企业及债权人之间存在利益冲突。企业进入破产重整之后，部分或全部债务人的企业和财产作为继续营运的实体出售给其他人，获得的收入用来偿还债务；或者将没有全部出售剩下的部分继续经营剩余产业并以未来利润进一步还债。在企业已经处于困境的情况下，企业为了重整成功，裁减企业部分富余员工是必要的，许多职工面临下岗、失业、只能领取失业保障金的情况，而企业的董事长及高级管理人员失去的不仅是报酬，还有声誉。虽然这种裁减对部分职工不利，但是企业的复兴则是符合大多数职工利益的。

(2) 重整期间各关系人重整目标的冲突。破产重整制度的目标是：债务清理与企业复兴，维护社会利益，实现个人利益与社会利益的统一。破产重整制度把社会整体利益放在首位，同时兼顾债权人、债务人、股东的利益。可以看出，重整制度首先贯彻是秩序、公平、正义的思想，同时追求一定的效率。

从政府角度来看，重整计划的主要目标是维护社会稳定，在这个过程中所追求的利益，体现为国民经济秩序，是一种具体存在但是模糊抽象的公共利益。特别是从当地政府来看，该地区关键企业的破产可能关系到国计民生的大问题。在社会资源稀缺的情形下，债务人破产本身会受到刑事追究；债权人之间也常常因为债务人的财产发生激烈冲突；债务人职工会因企业破产而失业；债务人对其债权人——银行的贷款长期不还，银行风险积累，动摇了金融系统的稳定性。因此，重整的目的在于通过维持企业的再建与复兴，稳定社会经济秩序，将企业破产倒闭所带来的负的外部性降低到最小程度。

但是，参加公司重整的各个关系人确实具体的利益相关者，他们所要求的是尽快实现的、清晰可见的有具体内容的私人利益。第一，从股东的角度看，企业处于资不抵债的情形之下，一切财产都归属于债权人，公司如果可以重整成功，就意味着股东的投资的保全和增值，因此股东往往有较大的主动性去参加公司的重建；第二，从债权人角度看，不同类型的债权人有着不同的利益，对于重整的态度也不同，但每个债务人都希望自己可以得到最大限度的受偿；第三，企业的职工同公司的利益本来就是一致的，自然希望公司能够渡过难关实现复兴。

虽然破产重整企业的各个关系人存在上述的利益冲突，但进一步看来，上述关系人的利益又是一致的，债权人可以通过重整成功来获得比破产清算条件下更为有利的债务清偿，股东可以通过重整实现其投资的保全和增值，企业职工更希望公司渡过难关，为其提供赖以生存的劳动收入与劳动环境。问题的关键在于，怎样通过制度设计构建一种有效的治理结构，化解各个关系人的利益冲突及目标冲突，形成各关系人利益与共、相互制约、相互促进、共同发展的格局。

（3）破产重整企业的内部控制架构设计。与破产和解比较，破产重整开始有管理人接管企业，重整期间由管理人主持各项经营事务和重整事务，但重整期间结束、进入重整计划执行期间，管理人不仅向债务人企业移交接管的事务，而且一直留在该企业监督债务人企业重整计划的执行。因此，从人民法院受理破产重整至重整计划执行完毕，管理人一直参与甚至主导重整工作，其内部控制内容更加复杂，如表3-10所示。

表3-10　　　　　　　破产重整的内部控制架构

控制要素	主体内容	控制重点
内部环境	重整治理结构；权责分配；重整计划；内部管理制度	重整治理结构
风险评估	风险识别（管理人印章刻制；管理人账户开设；破产重整企业接管；工作人员的聘用；合同清理与签订；重整债权的确认；相关法律诉讼；管理人报酬；管理人交接；相关责任人操守；管理人员能力；债务真实完整；程序合法性；财产保全；职工安定；社会经济环境；意外灾害环境等）；风险分析；风险应对（风险规避、风险降低、风险分担、风险承受等）等	重整企业接管；重整债权的确认；风险分析
控制活动	重整程序控制；重整接管控制；重整授权控制；重整债权申报控制；重整业务控制；部门关系控制；日常经营活动控制；破产费用与共益债务控制；管理人报酬控制；合同履行控制；抵押财产控制；法律诉讼控制；档案归档控制等	重整债权申报控制；管理人报酬控制；破产费用与共益债务控制
信息沟通	重整债权申报；重整进程；财产清理报告；财产变动报告；财产管理报告；预算报告；职工债权清单；债权人会议咨询；破产费用与共益债务报告；企业财务会计报告等信息的收集、处理、传递、存储等	财产变动报告；财产管理报告
监督检查	日常监督（债权人委员会，管理人，监事会）；专项监督（重整债权的真实性与完整性、重整计划的合法性与可行性、取回权的行使等）	重整债权；重整计划

3.破产清算企业的内部控制

（1）破产清算企业内部控制框架的构建思路。根据破产法规定，人民法院受理破产清算申请的同时制定管理人，进驻和接管债务人企业；债务人被宣告破产清算后，应建立与清算相关的组织机构，依法聘用必要的工作人员，承担清理各项财产及债权债务、决定债务人的内部管理事务、决定债务人的日常开支和其他必要开支、代表债务人参加诉讼、仲裁或者其他法律程序、估价变现财产、清偿相关债务、接受债权人会议和债权人委员会的监督、向人民法院报告工作等职责。此外，在破产清算期间，债务人的有关人员（指企业的法定代表人，以及经人民法院决定后所包括的企业财务管理人员和其他经营管理人员）应配合管理人的工作，妥善保管其占有和管理的财产、印章和账簿、文书等资料；根据人民法院、管理人的要求进行工作，并如实回答询问；列席债权人会议并如实回答债权人的询问；未经人民法院许可，不得离开住所地；不得新任其他企业的董事、监事、高级管理人员。

可见，破产清算的关系人主要包括人民法院、管理人、破产人、债权人（债权人会议及债权人委员会）四个方面。其中，管理人由人民法院指定并在人民法院主导下负责具体清算事务；破产人应配合管理人的工作，及时、如实向管理人移交清算企业并回答管理人与债权人会议的询问；债权人要在规定期限内向管理人申报债权，债权人团体（债权人会议和债权人委员会）讨论表决管理人提出的破产财产变价方案和分配方案，监督管理人的清算工作；人民法院还要裁决有争议的债权申报、监督破产人的破产清算配合情况等。此时，破产人失去对企业的控制权，作为正常企业外部人的债权人已经变为内部人，成为破产清算治理结构的重要组成部分，其内在关系如图3-9所示。

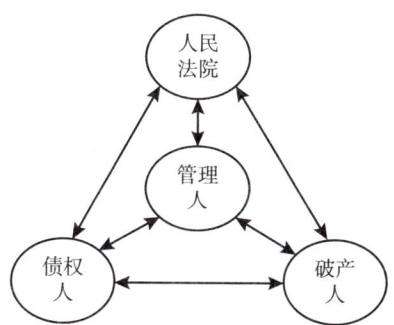

图3-9 破产清算主要相关方及内在关系

由图3-9可见,人民法院主导着破产清算的进程,监管其他三方行为的合法性,负责裁决相关破产清算事项,维护债权人和债务人的合法权益;其他三方则各有各的职责和位置,在内部控制中的作用也不同:人民法院居于裁决地位,是内部控制的主导者;管理人居于核心地位,是内部控制的践行者;债权人居于监督地位,是内部控制的监督者;破产人居于配合地位,是内部控制的辅助者。由于上述四方均属于破产清算过程中不可或缺的主体,所以构成了破产清算内部控制的外部边界,不妨称之为广义的破产清算内部控制(以下简称"广义控制");而管理人作为破产清算工作的具体组织者和实施者,是相对独立的民事责任主体,一般设置相关管理部门和工作人员,其内部依然存在密切的经济联系,进而形成了个相对独立的个体,应是破产清算内部控制的核心和重点,构成破产清算内部控制的内部边界,可以成为狭义的破产清算内部控制(以下简称"狭义控制")。鉴于此,我们对破产清算企业内部控制的构建思路是:基于破产清算相关者之间的法律关系及经济关系,构建破产清算企业治理结构,设计内部机构及其职责分配,识别和评估破产清算的相关风险，制定控制风险的相关措施，建立相关信息沟通制度及监督制度。其中，广义控制以破产法为依托，构建相关四方之间的控制体系；狭义控制以管理学为依托，构建管理人内部的控制体系。

(2) 破产清算企业内部控制架构的基本设计。第一，广义控制架构。债务人被宣告破产清算后，其所有财产将用于清偿债务，破产财产的完整性、安全性至关重要，广义控制也主要在于破产财产与破产债权真实、完整以及破产清算期间相关费用支出合理性与有效性等方面的控制。这里主要涉及破产清算转入、破产清算进行、破产清算终结及破产清算追加四个阶段。第一，债务人进入破产清算有三种情况：和解失败转入、重整失败转入与直接破产清算转入，无论哪种情况，债务人移交财产及债权债务的真实性、完整性，关系到债权人的债权受偿比例，债务人的诚信及原来的内部控制制度的有效性非常重要，对此破产法规定了债务人的相关义务和职责；第二，破产清算期间，管理人对破产财产清理、管理、变价、分配以及相关破产费用、共益债务偿还等方面的工作，破产法也有比较系统严格的规范；第三，破产清算终结阶段，管理人在最后分配完结后，应当及时向人民法院提交破产财产分配报告，并提请人民法院裁定终结破产程序，管理人应当自破产程序终结之日起十日内，持人民法院终结破产程序的裁定，向破产人的原登记机关办理注销登记，该注销登记完毕的次日终止执行职务；第四，自破产清算程序终结之日起两年内，如果发现破产人在破产申请前一年内有无偿转让财产的、以明显不合理的价格进行交易的、对没有财产担保的债务提供财产担保的、对未到期的债务提前清偿的、放弃债权的，或者破产申请前六个月内明知进入破产界限而对个别债权人进行清偿、损害债务人财产的，以及为逃避债务而隐匿、转移财产、虚构债务或者承认不真实的债务等事实时，债权人可以请求人民法院按照破产财产分配方案进行追加分配。

上述四个阶段中，除第二、第三阶段外，第一和第四阶段均在管理人控制之外，因此有必要构建广义控制架构，重点构建人民法院、债务人、管理人、债权人之间的控制制度，以便更有效地发挥内部控制制度的作用，完整地维护债权人的合法权益及社会主义市场经济秩序。初步设想如表3-11所示。

表3-11　　　　　　　　　广义破产清算控制架构

控制要素	主体内容	控制重点
内部环境	治理结构；权责分配；破产审计；清算规则等	治理结构
风险评估	风险识别（四关系人操守；管理人能力；债权人合作；社会经济环境；意外灾害环境等）；风险分析；风险应对（风险规避、风险降低、风险分担、风险承受等）等	四关系人操守风险分析
控制活动	清算程序控制；清算业务控制；财产保全控制；清算授权控制；清算关系控制；破产费用与共益债务控制等	清算业务控制财产保全控制
信息沟通	有关管理人相关信息披露以及债务人移交企业、债权人债权申报、破产财产变价、债务清偿、破产费用、共益债务等信息的收集、处理、传递、存储等	信息收集与信息处理
监督检查	日常监督（债权人委员会）；专项监督（债权人会议）	专项监督

第二，狭义控制架构。管理人是指受人民法院指定，在企业重整、和解和破产清算程序中负责对债务人财产管理和其他事项

的组织、机构和个人，包括由有关部门、机构的人员组成的清算组或者依法设立的律师事务所、会计师事务所、破产清算事务所等社会中介机构以及符合条件的自然人。其中的自然人是指人民法院根据债务人的实际情况，在征询有关社会中介机构的意见后，指定该机构具备相关专业知识并取得执业资格的人员，个人担任管理人的，应当参加执业责任保险。吸收自然人担当管理人，主要适应于规模较小、业务简单的破产企业的清算，以减少相关利益冲突、节约清算成本。在破产程序中，管理人既不是债务人（破产人）或债权人中任何一方的代理人，也不是准司法机构，更不是破产财产的代表或者代理人，它与人民法院、债务人（破产人）、债权人三者之间是一种信托关系；在破产清算程序中，管理人具有独立的法律地位，以破产清算企业法人代表身份出现，但以自己的名义起诉、应诉，以信托人角度处理破产清算企业的相关事务以及财产变现和债务清偿等工作，除了管理人的负责人外，还需要设置相应的组织机构并进行内部分工、聘用必要的工作人员从事破产清算工作，构建严谨、高效的内部控制制度显得尤为重要。

管理人作为从事破产管理工作的专业性机构，通常设置组长1人、副组长1~2人，下设综合协调组、破产程序组、债权审查组、财产管理组、劳动人事组、主张权利组、财务管理组等内部管理机构（张小炜、尹正友，2008），其主要职责分工如表3-12所示。

表3-12　　管理人内部管理机构及其工作职责

内部机构	主要工作职责
综合协调组	协调各个管理小组的工作；与人民法院、当地政府、债权人沟通和协调；对债务人日常事务的管理和安全保卫；债务人资料的保管与借阅；管理人办公室日常工作安排；管理人文件收发；相关会议筹备等
破产程序组	提供破产清算工作的法律支持，向人民法院、债权人会议和债权人委员会报告工作，指导、配合其他管理组管理工作的合法性等
债权审查组	债权申报的登记、审查，债务人占有他人财产的审查与取回权的认定等
财产管理组	财产的清理、估价、变现、处理等
劳动人事组	接管债务人的人事管理、劳动合同解除、职工社会保险及人员安置等
主张权利组	清理债务人合同，代表债务人诉讼、仲裁活动，债务人债权的收回，接受债务人财产持有人的财产交付等
财务管理组	接管债务人的财务工作，负责相关会计核算，编报清算期间财务会计报告，协调配合会计师事务所、资产评估事务所的审计报告和资产评估报告等

由此我们可以将管理人上述组织机构的治理结构及其内在关系总结如图3-10所示。

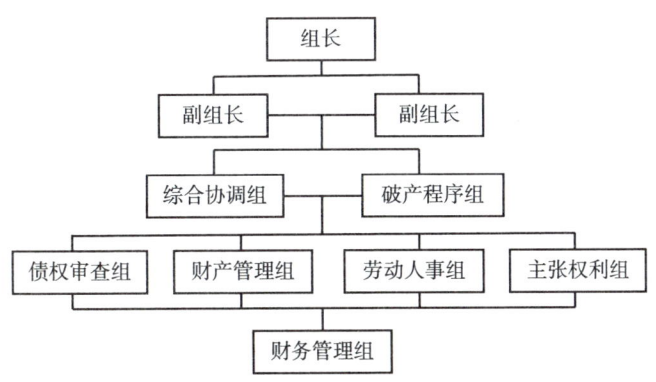

图3-10　管理人内部组织机构的内在关系及其治理结构

针对上述管理人内在组织结构及其相互关系，我们可以将以管理人为边界的狭义破产清算内部控制架构设计如表3-13所示。

表3-13　　　　　　　　狭义破产清算控制架构

控制要素	主体内容	控制重点
内部环境	治理结构；权责分配；破产清算管理方案；内部管理制度	治理结构
风险评估	风险识别（破产清算企业接管；管理人印章刻制；管理人账户开设；工作人员的聘用；合同清理与签订；相关法律诉讼；管理人报酬；管理人交接；相关责任人操守；管理人员能力；债务真实完整；程序合法性；财产保全；职工安定；社会经济环境；意外灾害环境等）；风险分析；风险应对（风险规避、风险降低、风险分担、风险承受等）等	财产保全 风险分析
控制活动	清算程序控制；清算授权控制；清算业务控制；部门关系控制；清算人员控制；财产保全控制（财产估价控制与财产变现控制）；财产分配控制；破产财产提存控制；破产费用与共益债务控制；档案归档控制等	清算业务控制 财产保全控制
信息沟通	债权人债权申报、财产安全状况、职工劳动合同解除情况、职工安置状况、破产清算进程、财产估价变现、债务清偿、支付破产费用与共益债务、清算财务会计报告等信息的收集、处理、传递、存储等	信息收集与信息处理
监督检查	日常监督（债权人委员会，管理人）；专项监督（债权人会议）	专项监督

上述企业破产清算的狭义内控架构与广义内控架构中的监督检查处于交集位置，显示债权人对破产清算监督的全方位、整体性及其重要性。第一，广义与狭义的结合，形成了破产清算企业内部控制的完整架构，这是有别于正常企业内控的重要特征之一；第二，人民法院、债权人直接介入；第三，债务人企业让位给管理人管理

控制；第四，管理人的内部控制受制于破产清算法律程序以及债权人监督之下；第五，由于破产清算企业的非持续状态，决定了其内部控制客体的非持续性。

（四）清理僵尸企业

随着我国社会主义市场经济的深入发展，市场竞争愈发激烈，由于宏观经济环境的变化及企业自身竞争力的差异，出现了诸多僵尸企业，2015年11月国务院两次常务会议均提出加快推进"僵尸企业"市场退出的要求，其中一个重要手段就是采用利用企业破产法中的破产重整或破产清算。由此我们又想到，如何利用破产手段依法、有效地清理僵尸企业？这里首先涉及的是僵尸企业的界定，然后是僵尸企业的退出路径以及如何做好僵尸企业的预警。

1.僵尸企业的界定

国内外学者对于僵尸企业认定标准并未形成统一的看法。具体而言，国务院给出的"官方标准"概括性强，并将环境、安全等因素考虑在内，但仍然存在一些问题：一是一些前景较好、成长期较长的企业在其成立初期较难实现盈利，如果按照该标准进行衡量，可能会将其误认定为僵尸企业；二是按照我国证监会规定，连续亏损三年的上市公司将暂停上市，因此该标准无法认定上市公司是否是僵尸企业，并且许多公司为了避免退市而对利润进行操纵，使其成为漏网之鱼；三是能耗、环保等标准弹性较大，可操作性较弱。实际利润观虽然能较好的反映企业的真实经营状况，但并未将政府和银行对僵尸企业形成所起到的作用考虑在内。国外学者们在研究僵尸企业时，主要针对的是日本、美国等国家的市场经济环境，因此在确定僵尸企业的认定标准时，主要强调银行贷款对僵尸企业的救助，依据企业是否获得了银行利息减免这一标准进行判断，易出现错判。以CHK标准为例，该方法充分的将银行的作用予以分析，并给出了较为清晰明确的计算公式，但缺点在于：一是未考虑政府所起到的作用，由于我国市场经济体制的特殊性，政府在有关僵尸企业的问题中占据了重要地位，政府的救助是我国许多僵尸企业得以"存活"的重要原因，因此在识别我国的僵尸企业时，CHK标准相对较为片面。除此之外，在目前我国市场环境下，CHK标准公式中涉及的最优利率在实践中较难获取，计算的准确性会受到一定影响。Hoshi和Kim的方法与CHK系列方法相比，虽然不需要计算最低利息支出，但其方法中f和h的取值严重影响了僵尸企业的判定，如何合理、准确地确定f和h的取值，存在一定的困难（陈本菲，2016；何帆等，2016）。我们认为，既然僵尸企业的核心特征在于对银行贷款及政府补助的"吸血性"，可以通过企业接受银行贷款与政府补助之和占当期经营现金流出的比率（即"输血率"或"吸血率"），结合企业盈利能力、偿债能力、成长能力、营运能力等指标，综合判断识别僵尸企业。

2. 僵尸企业僵尸指数的评价模型

在加快处置僵尸企业的背景下，根据僵尸企业的界定标准准确识别僵尸企业,需全面兼顾僵尸企业的本质特征,构建僵尸指数需要全方位、多层次的进行考量,同时考虑指标对于僵尸化程度的计量的影响,应遵循的原则是:

第一,体现判定僵尸企业和衡量其僵尸化程度的根本要求。选取指标在僵尸企业与正常企业中存在显著差异,能够很好地解释僵尸企业和企业僵尸化程度。

第二,体现系统性与全面性的结合。僵尸企业是在企业、政府和银行的相互作用下形成的,同时决定了僵尸企业呈现出的特征。指标的设定要体现僵尸企业的系统性和全面性的本质特征。

第三,指标具有可获得性和可比较性。指标的设立要考虑数据的可获得性和可量化性,能够实现与历史数据的对比。

综合以上原则,基于僵尸企业的修正后的界定标准,我们提出了包括造血能力、输血程度、持续时间三个标准,盈利能力、偿债能力、营运能力、发展能力、输血程度、银行贴息程度、持续亏损程度、输血依赖程度8个维度以及相关8个指标在内的"3标准-8维度-8指标"僵尸企业僵尸指数指标体系框架(见表3-14)。其中:造血能力主要反映僵尸企业经营状况的亏损性;输血程度通过银行及政府输入资金、银行贴息反映企业所依赖的外界救助;持续时间则表明了僵尸企业的亏损性和吸血性的持续性。

表3-14　　构建僵尸指数模型的指标体系

界定标准	界定维度	变量代码	变量名称	变量量化方式
造血功能	盈利能力	ROE	净资产收益率	净利润/股东权益平均余额
	偿债能力	LEV	资产负债率	负债总额/总资产
	营运能力	ARB	应收账款周转率	营业收入/应收账款平均余额
	发展能力	IGB	营业收入增长率	[本年营业收入额−上年营业收入额]/上年营业收入额
输血标准	输血程度（来自于政府救助和银行续贷）	SXL	输血率	[本年取得借款总额+政府补助]/本年经营活动现金流出总额
	银行贴息程度	EIR	超额利息支付率	[实际支付利息−最优利息]/[（实际支付利息+最优利息）/2]
时间标准	持续亏损程度	LNP	累计亏损年限	Count（净利润−非经常损益<0），累计三年
	输血依赖程度	LNFB	累计吸血年限	Count（净利润−非经常损益<0，且净利润−非经常损益+政府补助>0），累计三年

在国内外的判定研究中，采用Logistic回归模型构建指数取得了良好的效果。吴世农、卢贤义（2001）在上市公司财务困境预警指数模型研究中，比较判别分析、多远线性回归分析和Logistic回归分析三种财务困境指数预警模型，Logistic模型的误判率最低，判定效果最好。本书也将采用Logistics回归方法构建僵尸指数，确定指数中各指标的权重，以期提高僵尸企业的判定准确率和应用于衡量企业僵尸化程度。基于选中的8个指标和运用Logistics回归方法的僵尸企业僵尸指数模型为：

$$Ln\left(\frac{P}{1-P}\right)=A=C+\beta_1 ROE+\beta_2 LEV+\beta_3 ARB+\beta_4 IGB+\beta_5 SXL+\beta_6 EIP$$

$$+\beta_7 LNP+\beta_8 LNFB,\ (SXL>0,\ EIP<0) \tag{1}$$

即：

$$P=\frac{exp(A)}{1+exp(A)},\ (SXL>0,\ EIP<0) \tag{2}$$

其中，P 为分类因变量，取值为 0 或 1，代表上市公司被分类为正常企业或僵尸企业，从概率角度看，P 是取值为 0 到 1 时的概率，即企业界定为僵尸企业的概率，即僵尸指数。僵尸企业只有依靠政府和银行输血的企业才能存活，因此，僵尸企业的限定条件为输血率（SXL）>0，银行超额利息支付率（EIR）<0。

3.僵尸指数的构建

（1）样本选取和数据来源。基于 Logistic 模型的指数构建，首先需要对企业进行预分类，确定僵尸企业与正常企业样本。采用 4 种僵尸企业界定方法作为僵尸企业的预分类标准（如表 3-15 所示），符合任意一种方法即界定为僵尸企业。

其中，连续亏损法缺乏僵尸企业"吸血性"本质特征的条件判定，为提高指数结果的判定率，基于僵尸企业的定义对其进行修正，在连续亏损企业的基础上，剔除无政府补助、银行补贴且无借款增加的企业。修正后的以下 4 种界定方法的集合涵盖了造血功能低下和吸血性两大本质特征，同时也包含考虑时间维度的界定方法，可以最大限度地识别出依靠银行续贷、补贴及政府救助三种吸血方式下的僵尸企业。在提高僵尸企业判定准确率的同时，由于4种界定方法的差异性，会出现"一次性僵尸企业"，即在样本期间，该企业只有一次被认定为僵尸企业，考虑僵尸企业本质特征的"持续性"，在研究过程中，应该将此类企业从"僵尸企业"中剔除。

表3-15   种识别方法的详细说明

方法	界定维度	计算公式	判别标准
FN-CHK方法	盈利标准 持续信贷标准 贴息标准 负债标准	1.CHK:实际支付利息小于最优利率支付； 2.当年的息税前利润低于计算出的最低利润； 3.上一年的负债率超过50%； 4.当年的外部贷款有所增加； 5.当年的息税前利润低于计算出的最低利润	满足两部分任一部分条件即可
修正连续亏损法	盈利标准 持续信贷标准 贴息标准 政府输血标准 时间标准	1.扣除非经常性损益的净利润持续三年为负，且当年借款增加或者实际支付利息小于最优利息； 2.满足连续亏损法，且当年扣除非经常损益净利润与政府补助之和大于0	满足两条件任一条件均可
过度借贷法	盈利标准 负债标准 持续信贷标准	1.当年资产负债率在前30%； 2.当年的融资规模大于上一年； 3.当年净利润-非经常损益小于0	同时满足三个条件
综合性方法	政府输血标准 盈利标准 贴息标准	1.（最优利率支付-实际支付+政府补贴+税收返还、减免）/借款总额大于0； 2.净利润-非经常损益小于0	同时满足两个条件

注：满足其中一种界定方法即界定为僵尸企业。

本书选取沪深股市全部A股上市公司2009~2016年的数据作为

研究样本，剔除金融行业和异常数据值。运用4种僵尸企业界定方法，剔除"一次性僵尸企业"，筛选出8年中1895个僵尸企业样本。以筛选出的僵尸企业与正常企业为样本，选取2009~2015年7年中1674个僵尸企业样本和8894个正常企业样本作为训练样本进行实证研究。选取2016年的全部上市企业数据作为测试样本，测试样本中包括221个僵尸企业样本和1688个正常企业样本。样本数据来源于国泰安数据库和Wind数据库。

(2) T检验和相关性分析。基于本书给出的僵尸企业界定标准，选取8个变量作为衡量标准进行指数构建，为避免变量中的相关性太高，产生共线性的现象影响指数构建，确保所选变量对模型具有较高解释能力，本书将采用单变量分析法、结合相关性分析法，分析所选变量在僵尸企业与正常企业的样本中差异显著性，确保可以有效解释僵尸企业和正常企业。所选指标单变量检验的均值和显著性如表3-16所示。

表3-16　　　　　　变量样本均值的T检验

变量类别	变量代码	变量名称	分组	观测值	均值	标准差	T检验p值（双侧检验）
盈利指标	ROE	净资产收益率	0	8894	0.094	0.653	0.000
			1	1674	−0.079	1.193	
偿债指标	LEV	资产负债率	0	8894	0.465	0.786	0.000
			1	1674	0.639	0.551	
营运指标	ARB	应收账款周转率	0	8894	260.3	6177	0.000
			1	1674	35.67	167.8	
发展指标	IGA	营业收入增长率	0	8894	0.829	23.81	0.004
			1	1674	0.110	1.158	

续表

变量类别	变量代码	变量名称	分组	观测值	均值	标准差	T检验p值（双侧检验）
输血程度	SXL	输血率	0	8894	0.464	0.754	0.000
			1	1674	0.856	2.139	
	EIR	超额利息支付率	0	8894	0.332	0.855	0.000
			1	1674	0.178	0.743	
时间维度	LNP	累计亏损年限	0	8894	0.274	0.698	0.000
			1	1674	2.163	0.918	
	LNFB	累计吸血年限	0	8894	0.035	0.205	0.000
			1	1674	0.427	0.683	

P值小于0.05，表明同一变量在僵尸企业与正常企业的样本中存在显著差异。结果表明，所选变量P值均小于0.05，在僵尸企业与正常企业的样本中，所选变量均值存在差异显著，能很好地区别僵尸企业与正常企业。一般来说，如果相关系数r值超过0.6，变量间的高度相关就可能导致多重共线性问题。由所选变量的相关系数得知（由于篇幅有限，文中不再提供该表），相关系数r值均小于0.6，由此可以判定各变量之间不存在多重共线性问题，回归模型有效。

（3）权重的确定和指数构建。根据上述4种界定方法筛选出僵尸企业和正常企业样本，采用上述选定的8个变量及2009~2015年的样本数据，进行二元Logistic回归，得到的回归结果如表3-17所示：

表3-17　　　　　　　　　　Logistics模型回归结果

变量	相关系数	概率比	标准误	Z值	P值
ROE	−2.722***	0.065	0.384	−7.09	0.000
LEV	0.342***	1.408	0.225	4.76	0.000
ARB	−0.0003**	0.99	0.002	3.53	0.011
IGB	−0.641***	1.53	0.093	−6.88	0.000
SXL	0.424***	0.526	0.061	6.92	0.000
EIR	−1.094***	0.335	0.065	−16.75	0.000
LNP	1.640***	5.155	0.042	39.23	0.007
LNPB	0.968***	2.632	0.106	9.14	0.000
常数项	−3.698***	0.025	0.117	−31.73	0.000
Pseudo R^2	0.5286					
LR值	4882.07					

注：***、**、*分别表示在1%、5%、10%的水平上显著。

从回归结果的系数来看，净资产收益率、应收账款周转率、营业收入增长率与企业的僵尸化成显著负相关关系，资产负债率呈现出正相关关系，符合僵尸企业呈现出的无收益、高负债、低营运能力和发展能力的财务特征；同时区别于正常企业，僵尸企业与超额利息支付率负向相关，与输血率、累计亏损年限、累计吸血年限呈现正相关，符合僵尸企业的"吸血"本质，僵尸企业吸血的长期性和依赖性是企业的僵尸化程度恶化的原因。结果中所有变量的显著性水平均小于0.05，所选变量是显著区别正常企业与僵尸企业的特征变量。

根据结果中的概率比分析，僵尸企业的"亏损性"和"吸血"依赖性对于企业僵尸化程度影响最大，所占权重最大，累计亏损年限和"吸食"政府补助的依赖年限越长,僵尸化程度更严重,成为僵尸企业的可能性也更大。这与僵尸企业的实际意义相符合。除此之外,超额利息支付率、输血率、资产负债率、净资产收益率对于僵尸企业的僵尸化程度有较为重要的影响,是识别僵尸企业的显著特征。应收账款周转率、营业收入增长率对于僵尸企业的影响较其他变量小,但僵尸企业整体呈现出营运能力和发展能力的低下。修正后的R方为0.53,表明所选变量作为辨别僵尸企业的分类变量,可以很好地解释僵尸企业。因此,根据结果中的所得权重,构建僵尸指数如下:

$$Ln\left(\frac{P}{1-P}\right)=A=-3.698-2.723ROE+0.342LEV-0.0003ARB$$

$$-0.642IGB+0.424SXL-1.094EIP+1.64LNP+0.968LNFB,$$

$$(SXL>0,\ EIP<0) \qquad (3)$$

即:

$$P=\frac{exp(A)}{1+exp(A)},\ (SXL>0,\ EIP<0) \qquad (4)$$

将上市公司变量数据带入僵尸指数公式中,计算出僵尸指数概率值,即P值。根据学术界普遍采用的逻辑回归判定原则,当$P>0.5$时,即可判定为僵尸企业,否则判定为正常企业。在输血率(SXL)>0或者银行超额利息支付率(EIR)<0时,并且$P>0.5$时,才可以界定为僵尸企业。同时,当P值越趋近于0.5,表示僵尸化程度越大,企业越接近僵尸企业,当$P>0.5$时,ZC值趋近于1时,表明僵尸企业的僵尸化程度越严重。

（4）僵尸指数应用效果的评价。根据Logistics回归模型得到的僵尸指数，以0.5为最佳判定点，对训练样本和测试样本进行回代判定，结果如表3-18所示。

表3-18　　　　　　　　僵尸指数判定率

样本类型	原始值		判定值		合计	总体判定率
			0	1		
训练样本	计数	0	8521	373	8894	90.94%
		1	584	1090	1674	
	百分比	0	95.81%	4.19%	100%	
		1	34.89%	65.11%	100%	
测试样本	计数	0	1508	180	1688	88.84%
		1	33	188	221	
	百分比	0	89.34%	10.66%	100%	
		1	14.93%	85.07%	100%	

资料来源：根据僵尸指数模型（3）、（4）测算得到。

训练样本与测试样本的判定结果显示，僵尸指数对僵尸企业与正常企业的判定结果总体判别分别为90.94%、88.84%，总体具有良好的判定效果；其中对僵尸企业的判定准确率分别为65.11%、85.07%，正常企业的判别率分别为95.41%、89.34%，表明僵尸指数的判定结果基本与4种僵尸企业界定方法的结果相吻合，基本涵盖了三种不同输血方式的僵尸企业，体现了僵尸企业"造血功能低下"和"吸血性"两大本质特征及僵尸企业特征形态的"持续性"，对当前僵尸企业的界定完整性做出了补充；但是由于4种僵尸企业的界定标准差异性，即使是对同一类型的僵尸企业的界定，不同方法之间也存在差异，因此僵尸指数的界定结果与4种僵尸企业界定方法的结果也存在差异。

对于界定结果不同的企业进行均值比较分析,如表3-19所示。

表3-19　　　　界定差异企业各指标均值分析

均值	观测值	ROE	ARB	IGB	EIR	LEV	SXL	LNP	LNFB
1→0	373	−0.017	32.579	0.119	0.505	0.561	0.598	1.255	0.187
0→1	584	−0.125	45.078	−0.001	0.210	0.647	0.624	2.609	0.416

注：0→1表示：预分组判别为正常企业，僵尸指数判别为僵尸企业。
1→0表示：预分组判别为僵尸企业，僵尸指数判别为正常企业。

根据僵尸企业的界定，相比于正常企业，僵尸企业呈现出无收益、低营运能力和发展能力的财务特征以及银行较低的利息支付率；同时具有较高的负债率、输血程度；呈现出较长的亏损年限和吸血年限。由表中统计指标结果对比得知，预分组的分类为正常企业的呈现出相比于正常企业更差地财务特征、"吸血"特征及持续性，僵尸指数的判定更加符合僵尸企业的界定特征，与所选变量可以较好地识别出僵尸企业，对于预分组的4种僵尸企业的界定方法做出了修正。

"造血功能低下""吸血程度"以及企业两种状态的持续性是判别僵尸企业的标准，同时也是衡量企业僵尸化程度的应考虑的影响因素，僵尸指数是取值0到1的数，僵尸指数既可以判别僵尸企业，同时也可以衡量企业的僵尸化程度。指数越大，僵尸化程度越严重，表现为僵尸企业的造血能力差，企业财务缺乏活力；吸血程度和依懒性越严重，丧失自我挽救能力。如表3-20所示，企业的盈利能力、营运能力、偿债能力、发展能力均值呈现出显著下降的趋势；超额支付率、输血率代表的输血程度显著增强，且亏损和吸血的持续年限显著增加。

表3-20　　不同僵尸指数企业各指标均值分析

僵尸指数	观测值	ROE	ARB	IGB	EIR	LEV	SXL	LNP	LNFB
0.1~0.2	8400	0.102	56.907	0.228	0.323	0.438	0.430	0.123	0.010
0.2~0.4	496	0.022	51.384	0.118	0.244	0.568	0.602	1.548	0.264
0.4~0.6	398	−0.001	36.829	0.121	0.286	0.588	0.612	2.055	0.266
0.6~0.8	509	−0.038	26.799	0.079	0.223	0.607	0.659	2.481	0.360
0.8~1.0	765	−0.160	23.949	−0.023	0.171	0.665	0.928	2.850	0.650

选取僵尸企业处置成功的典型案例长航凤凰，计算其僵尸指数，2010~2016年的僵尸指数分别为0.60、0.98、0.68、0.54、0.44、0.05、0.03，符合长航凤凰的僵尸化过程。由于我国航运业产能过剩，行业经济下行，长航凤凰的经营不善导致企业出现盈利下降，2009年、2010年连续两年营业利润亏损，但仍然享受优惠利息和政府补助，初步判定为僵尸企业。2011~2013年长航凤凰连续三年亏损导致被暂停上市，且2012年出现资不抵债，2013年资产负债率增长到80.6%，企业获得大量银行续贷导致僵尸化程度极度恶化且逐年加深。2013年4月由债权人提出破产申请，2014年3月批准长航凤凰的重整计划，9月完成破产重整。重整之后长航凤凰重新恢复盈利，剥离大量不良资产，改善资本结构，僵尸化程度得到大大改善，顺利脱离僵尸企业，僵尸指数下降至0.44，描述了长航凤凰2014年初步脱离僵尸企业的企业状态。2015年长航凤凰重新恢复盈利，资产负债率下降至50%，剥离不良负债后，不再依靠企

业续贷，优惠利息及政府输血存活，恢复企业发展能力，企业僵尸性逐渐改变，僵尸指数下降至0.05，重整成功后的僵尸企业顺利脱离僵尸属性，恢复正常财务结构和盈利能力，摆脱政府依赖，转变为正常企业。僵尸指数准确反映长航凤凰的企业僵尸化过程，描述僵尸化状态。同时各项指标充分反映企业僵尸化企业的财务状态和吸血程度，为僵尸企业的处置提供更多的信息和依据。除此之外，对于发展良好房地产龙头万科企业，进行僵尸指数的计算，得到2011~2014年僵尸指数为0.009、0.005、0.006、0.001，均被判别为正常企业，僵尸指数的数值均较小，呈现出连续状态，因此表明成为僵尸企业的可能性特别小。

通过上述分析，我们得出主要结论：一是僵尸企业、僵尸化程度与企业的盈利能力、营运能力、发展能力和超额支付率显著负相关，与负债水平、输血率、亏损持续性和累计吸血年限显著正相关。二是造血能力差和吸血性强是僵尸企业的显著特征，其中高负债、负盈利性及长期性是僵尸企业最为显著的特征。三是僵尸企业呈现出低营运能力、低发展能力、长期高输血率及长期依赖优惠利息等显著特征。四是与选取的可以全面界定僵尸企业的四种得到广泛认可的僵尸企业界定方法相比较，本书设计的僵尸指数作为判定僵尸企业的标准，其可操作性更强，具有更高的准确性，其判别率达90.94%。五是企业僵尸指数越大，发展成为僵尸企业的可能性越大，僵尸化程度越严重，因此僵尸指数可以为企业的发展提供相关预警服务。

以僵尸企业的僵尸指数为基础，根据僵尸企业僵尸化程度及其

"吸血"等本质特征,客观判别僵尸企业僵尸的严重性及其性质类别,有助于合理选择僵尸企业的退出路径、构建僵尸企业的退出机制。

①根据僵尸指数大小进行僵尸化程度的分类。可以分为轻度、中度、重度、极度四类僵尸企业,并根据财务指标和吸血指标分别计算其"造血能力"指数和"吸血程度"指数。

②针对僵尸企业的不同类型实施不同的清理对策。对于轻度、中度的僵尸企业,可以考虑通过债务重组或者剥离不良资产的形式进行企业重组,从而帮助企业摆脱掉财务危机和高负债的企业状况,重新恢复盈利和偿债能力,摆脱对政府和银行的依赖,实现资源的有效配置;对于"运营效率低"的僵尸企业,可以采取转产、托管等处置方式,促使企业摆脱困境,恢复持续经营能力;对于重度、极度的僵尸企业,根据其财务危机程度和长期得到政府和银行救助的"吸血程度",处于财务破产的企业,应充分考虑企业的规模、产品和创新能力等状况,判断其挽救价值,对具有挽救价值的企业可以采取兼并重组或破产重整的清理方式,对于无挽救价值的企业可以实施清算等处置措施。

③正常企业应关注僵尸指数的预警作用。企业除了关注相关财务指标及其变动外,应注重产品质量能力、技术创新能力、组织结构适应能力。对于高负债和运营效率低下的亏损企业,应该根据自身特征,关注资产重组、经营结构调整、产品创新等创新自救,避免沦为僵尸企业。

五、感悟破产会计

（一）主要研究体会

破产会计作为一种"小众会计"，传递给我们的是"哀伤会计"，但其中除了破产清算会计这一代表"企业死亡会计"外，破产重整会计、破产和解会计则是"企业拯救会计"。如果将企业拟人化，清算会计表示企业被宣告死亡后的会计，和解会计表示企业罹患感冒等正常门诊治疗或住院普通病房的会计，重整会计表示企业患有严重疾病而住进ICU的会计。生老病死不仅是自然界的常态，也是企业的常态。30多年有关企业破产会计的研究，尽管业绩平平，未有惊天动地的建树，却也从中享受了研究的乐趣、某些研究成果被采纳的乐趣，有了一些切身体会。

1.关注新闻报道，确立研究主题

曾经有老师和同学问我，为什么会想到研究企业破产会计，对此在本报告引言中已经有所交代。其中的主要感悟是：关注新闻报道，了解相关政治、政策、经济、法律等方面的变化动态及变化方向，从中捕捉需要研究的问题，分析该问题研究的可持续性、规律性，进而富有前瞻性的确立研究方向。

经过30余年的计划经济体制实践，在20世纪八十年代初期人们已深刻领悟到"关停并转"给企业运行机制带来的负面影响，尤其是在此环境下国有企业缺乏紧迫感、危机感、缺乏活力的现实，使得政府界、理论界、实务界不得不重新审视劣势企业的处理方式问题。于是在逐步宽松的宏观经济环境的鼓舞、激励下，人们开始研究"破产"的性质、作用、对象及其相关法律制度问题。如1980年国务院发布《关于开展和保护社会主义竞争的暂行规定》，引起如何解决被"淘汰"企业的讨论，1980年12月20日《财贸经济》丛刊第5辑发表曹思源题为《在竞争中发挥保险公司作用的设想》一文，提出了处理破产倒闭企业善后问题的办法；1984年全国人大、国务院曾多次讨论破产法的制定问题，发表了许多富有前瞻性的十分有价值的相关文章，如曹思源于《经济管理丛刊》1984年第3期发表的《实行破产法，争取高效益——关于企业破产整顿法的设想方案》、于《瞭望》周刊1984年第9期发表的《试论长期亏损企业的破产处理问题》等文章，刘晓星于《法学研究》1984年第5期发表的《论建立我国企业破产制度》一文等。随后的1985年1月30日国务院成立了《企业破产法》起草小组，同年9月完成《中华人民共和国企业破产法（草案）（征求意见稿）》，1986年1月31日国务院常务会议审议通过，经过第六届全国人大常委会第十六次会议、十七次会议和十八次会议三次讨论、审议，于1986年12月2日通过了《中华人民共和国企业破产法（试行）》，并于1988年11月1日起正式生效，标志着企业破产制度的恢复，有关破产会计方面的理论与实务问题也将成为会计改革中的重要问题之一，研究破产会计将成为一个具有持续性的长期问题。随后的1991年颁布的《民事诉讼法》也设立了第19章"企业法人破产还债程序"。此外，为了适应市场经济的建立和发展的需要，全国人大财经委员会于1994年3月开始破产法的全面修订工作，完成了《中华人民共和国破产法（草案）》初稿，对破产法的宗旨、适用范围、破产界限、破产程序、破产法律责任等进行了较大的修改，并于1995年9月提交全国人大常委会请求审议，2006年6月27日由第十届全国人大常委会第二十三次会议审议通过了自2007年6月1日起正式实施的《中华人民共和国企业破产法》。破产法的修订，意味着破产会计也将进行相应的调整，破产会计的持续性、变革性、社会性等特征逐渐显现出来，破产会计中的会计与法律的联合、结合、融合更加明显，要求我们应更加注重学科交叉研究、运用学科间的关联，更好地服务于会计研究。

2. 注重学科交叉，理解学科关联

"从总体上看，当前学科的发展呈现出'高度分化基础上的高度综合，是分化与综合的高度对立统一'的规律"（韩文瑜，梅士伟，2011）。学科一方面在不断融合、综合、交叉，另一方面也在日益分化、细化。就像我们每个人都生活工作在政治、经济、法律、科技、文化等环境下一样，会计学研究也受到相关学科的影响甚至融入某些学科。认识和把握会计学与经济、管理、科技、法律、人文等相关学科之间的借鉴、融合与整合，有助于从更高视野发现和利用会计规律，发挥会计的微观及宏观管理功能，有助于进一步理解会计学、会计专业、会计工作、会计监管的基础。破产会计直接涉及"破产""会计"两个学科。破产法作为法律规则直接规定了破产和解、破产重整、破产清算等破产案件，界定了债权人、债务人、管理人、法院等相关者的主要职责，设计了各个破产案件的基本流程和内容，同时也为破产会计的内容、目标、信息披露及其利用提供了基本依据。会计作为信息披露及价值管理的经济管理工作，为法院受理破产申请、债务人财产管理、债权人的债权收回、管理人的职务履行等提供了直接、系统、详细的服务，破产会计的履行过程也是破产法的实施过程，没有破产会计的支持，破产法的实施必将是一句空话。不仅如此，破产会计在操作过程中，必须也必然考虑债务人与债权人的利益诉求，考虑债务人企业复苏的可能性，关注其资源配置的合理性与有效性，关注企业员工的利益保护以及企业破产的社会后果。破产会计研究及实施涉及法学、经济学、社会学、管理学等领域，人力资源会计、环境会计、管理会计、社会责任会计等是重要佐证。理解、把握和运用学科关联是深入会计研究的重要基础，从传统破产会计核算拓展到破产重整价值评估与价值判断、企业破产内部控制等领域，由此通过学科交叉形成新的会计学分支或领域。

3. 聚焦研究主题，坚持不懈努力

确定研究主题，围绕该主题持续不懈研究，形成长期稳定的研究方向，有助于研究的深入及研究领域的拓展，更有助于相关研究的创新。自1985年接触破产会计主题以来，我国的经济体制、经济发展水平发生了翻天覆地的变化，尤其自1992年提出建立社会主义

市场经济体制目标后，由"计划经济为主、市场调节为辅"转变为发展市场经济，市场的竞争规律、优胜劣汰机制日益完备，企业破产案件司空见惯，人们已经习惯了企业破产的事实，企业破产的相关会计、财务、审计等问题也引起了人们的关注，20世纪九十年代初期一大批会计学者研究破产会计问题（栾甫贵，2011），但随着我国资本市场的日益繁荣以及西方会计研究范式的引进，许多学者淡出破产会计研究领域而转向资本市场中的会计问题研究，这是我国企业破产会计研究的重大损失。然而，只要实施市场经济，就需要企业破产法，只要存在企业破产法，就必然需要企业破产会计。在这一理念支撑下，在中国会计学会及诸多前辈、同仁的大力支持关怀下，我坚持了30多年的破产会计研究，将破产会计由破产会计核算拓展至破产财务管理、破产重整价值评估、破产内部控制、僵尸企业清理等领域，形成了较为稳定、冷僻的研究方向，其持续、稳定的研究前景是不言而喻的。

4.抓住学科性质，拓展会计功能

由于会计学的对象属于经济学范畴，财务会计理论框架来源于经济学，会计信息属于经济信息并体现为资源配置的镜子、反映资源配置状况和利用效率，会计学产生和发展的背景在于经济资源的稀缺性，研究目的和视角在于提高资源利用效率，因而会计学的学科性质属于经济学，应该由管理学划归经济学，以经济学思维构建会计学思维，以经济学为基础构建会计学基础理论，依据经济学学科理论进行会计研究及工作，围绕经济学的核心理念深化会计改革。破产会计作为会计领域之一，不仅反映破产企业的资源配置状况，也通过破产财产变现、破产债务清偿反映破产破产债务清偿率，反映其资源利用效率。企业破产的存在，在于市场竞争的淘汰机制，在于优化资源配置的市场机制，破产会计除了反映和监督破产企业经济活动及其结果外，还通过与法学、管理学、社会学、产权、产业经济学等途径结合，开拓至破产重整价值评估、破产企业内部控制、僵尸企业清理等范畴，从服务于优化资源配置、提高配置效率、增大资源价值、公平资源分配等角度，提升了会计在产业调整、环境友好、宏观经济发展等方面的功能作用，将会计的功能由微观领域拓展至中观、宏观领域。除了破产会计以外，正常企业会计研究及工作也通过资源管理推进到了中观、宏观乃至国家层面，进一步说明了会计学的经济学性质，展现了会计的强大功能，为会计学的深入、广泛发展提供了广阔空间和坚实基础。

（二）未来研究设想

学科的不断分化、不断融合，是当代学科发展的基本趋势。破产会计融合了管理学、经济学、法学、社会学等学科，也是一门多学科交叉的会计学分支，其存在的依据在于企业破产法。破产法从程序看是法律问题，从内容看是财务、会计问题。迄今为止，破产会计的研究及实践存在的主要问题之一，在于与企业破产法的融合不够、服务于破产法的实施不够、梳理破产会计与破产法的关系不够，这是值得我们认真研究的问题。

1. 破产法的会计解读

我国现行破产法包括总则、申请和受理、管理人、债务人财产、破产费用和共益债务、债权申报、债权人会议、重整、和解、破产清算、法律责任和附则共计十二章一百三十六条。从其主要内容看，除了法律责任及附则两章外，其他各章主要是财务、会计问题，举例如表3-21所示。

表3-21 破产法主体内容

第一章 总则	第二条 企业法人不能清偿到期债务，并且资产不足以清偿全部债务或者明显缺乏清偿能力的，依照本法规定清理债务
第二章 申请和受理	第八条 债务人提出申请的，还应当向人民法院提交财产状况说明、债务清册、债权清册、有关财务会计报告、职工安置预案以及职工工资的支付和社会保险费用的缴纳情况
	第十一条 债权人提出申请的，债务人应当自裁定送达之日起十五日内，向人民法院提交财产状况说明、债务清册、债权清册、有关财务会计报告以及职工工资的支付和社会保险费用的缴纳情况
	第十六条 人民法院受理破产申请后，债务人对个别债权人的债务清偿无效
	第十七条 人民法院受理破产申请后，债务人的债务人或者财产持有人应当向管理人清偿债务或者交付财产。 债务人的债务人或者财产持有人故意违反前款规定向债务人清偿债务或者交付财产，使债权人受到损失的，不免除其清偿债务或者交付财产的义务
第三章 管理人	第二十五条 管理人履行下列职责： （一）接管债务人的财产、印章和账簿、文书等资料； （二）调查债务人财产状况，制作财产状况报告； （三）决定债务人的内部管理事务； （四）决定债务人的日常开支和其他必要开支；

续表

第三章 管理人	（五）在第一次债权人会议召开之前，决定继续或者停止债务人的营业； （六）管理和处分债务人的财产； （七）代表债务人参加诉讼、仲裁或者其他法律程序； （八）提议召开债权人会议； （九）人民法院认为管理人应当履行的其他职责
	第二十八条　管理人经人民法院许可，可以聘用必要的工作人员。管理人的报酬由人民法院确定。债权人会议对管理人的报酬有异议的，有权向人民法院提出
第四章 债务人财产	第三十条　破产申请受理时属于债务人的全部财产，以及破产申请受理后至破产程序终结前债务人取得的财产，为债务人财产
	第三十一条　人民法院受理破产申请前一年内，涉及债务人财产的下列行为，管理人有权请求人民法院予以撤销： （一）无偿转让财产的； （二）以明显不合理的价格进行交易的； （三）对没有财产担保的债务提供财产担保的； （四）对未到期的债务提前清偿的； （五）放弃债权的
	第三十二条　人民法院受理破产申请前六个月内，债务人有本法第二条第一款规定的情形，仍对个别债权人进行清偿的，管理人有权请求人民法院予以撤销。但是，个别清偿使债务人财产受益的除外
	第三十三条　涉及债务人财产的下列行为无效： （一）为逃避债务而隐匿、转移财产的； （二）虚构债务或者承认不真实的债务的
	第三十四条　因本法第三十一条、第三十二条或者第三十三条规定的行为而取得的债务人的财产，管理人有权追回
	第三十五条　人民法院受理破产申请后，债务人的出资人尚未完全履行出资义务的，管理人应当要求该出资人缴纳所认缴的出资，而不受出资期限的限制
	第三十六条　债务人的董事、监事和高级管理人员利用职权从企业获取的非正常收入和侵占的企业财产，管理人应当追回

续表

第四章 债务人财产	第三十七条	人民法院受理破产申请后,管理人可以通过清偿债务或者提供为债权人接受的担保,取回质物、留置物
	第三十八条	人民法院受理破产申请后,债务人占有的不属于债务人的财产,该财产的权利人可以通过管理人取回
	第三十九条	人民法院受理破产申请时,出卖人已将买卖标的物向作为买受人的债务人发运,债务人尚未收到且未付清全部价款的,出卖人可以取回在运途中的标的物。但是,管理人可以支付全部价款,请求出卖人交付标的物
	第四十条	债权人在破产申请受理前对债务人负有债务的,可以向管理人主张抵销
第五章 破产费用和 共益债务	第四十一条	人民法院受理破产申请后发生的下列费用,为破产费用
	第四十二条	人民法院受理破产申请后发生的下列债务,为共益债务
	第四十三条	破产费用和共益债务由债务人财产随时清偿
	第四十四条	人民法院受理破产申请时对债务人享有债权的债权人,依照本法规定的程序行使权利
	第四十五条	人民法院受理破产申请后,应当确定债权人申报债权的期限
	第四十六条	未到期的债权,在破产申请受理时视为到期
	第四十七条	附条件、附期限的债权和诉讼、仲裁未决的债权,债权人可以申报
	第四十八条	债权人应当在人民法院确定的债权申报期限内向管理人申报债权
	第五十条	连带债权人可以由其中一人代表全体连带债权人申报债权,也可以共同申报债权
	第五十一条	债务人的保证人或者其他连带债务人已经代替债务人清偿债务的,以其对债务人的求偿权申报债权
	第五十二条	连带债务人数人被裁定适用本法规定的程序的,其债权人有权就全部债权分别在各破产案件中申报债权
	第五十三条	管理人或者债务人依照本法规定解除合同的,对方当事人以因合同解除所产生的损害赔偿请求权申报债权

续表

第五章 破产费用和 共益债务	第五十四条	债务人是委托合同的委托人，被裁定适用本法规定的程序，受托人不知该事实，继续处理委托事务的，受托人以由此产生的请求权申报债权
	第五十五条	债务人是票据的出票人，被裁定适用本法规定的程序，该票据的付款人继续付款或者承兑的，付款人以由此产生的请求权申报债权
	第五十六条	在人民法院确定的债权申报期限内，债权人未申报债权的，可以在破产财产最后分配前补充申报；但是，此前已进行的分配，不再对其补充分配。为审查和确认补充申报债权的费用，由补充申报人承担
	第五十七条	管理人收到债权申报材料后，应当登记造册，对申报的债权进行审查，并编制债权表
	第五十八条	依照本法第五十七条规定编制的债权表，应当提交第一次债权人会议核查
第六章 债权申报	第四十六条	未到期的债权，在破产申请受理时视为到期。 附利息的债权自破产申请受理时起停止计息
	第四十七条	附条件、附期限的债权和诉讼、仲裁未决的债权，债权人可以申报
	第四十八条	债权人应当在人民法院确定的债权申报期限内向管理人申报债权。 债务人所欠职工的工资和医疗、伤残补助、抚恤费用，所欠的应当划入职工个人账户的基本养老保险、基本医疗保险费用，以及法律、行政法规规定应当支付给职工的补偿金，不必申报，由管理人调查后列出清单并予以公示。职工对清单记载有异议的，可以要求管理人更正；管理人不予更正的，职工可以向人民法院提起诉讼
	第四十九条	债权人申报债权时，应当书面说明债权的数额和有无财产担保，并提交有关证据。申报的债权是连带债权的，应当说明
	第五十条	连带债权人可以由其中一人代表全体连带债权人申报债权，也可以共同申报债权
	第五十一条	债务人的保证人或者其他连带债务人已经代替债务人清偿债务的，以其对债务人的求偿权申报债权

续表

第六章 债权申报	第五十二条　连带债务人数人被裁定适用本法规定的程序的，其债权人有权就全部债权分别在各破产案件中申报债权
	第五十三条　管理人或者债务人依照本法规定解除合同的，对方当事人以因合同解除所产生的损害赔偿请求权申报债权
	第五十五条　债务人是票据的出票人，被裁定适用本法规定的程序，该票据的付款人继续付款或者承兑的，付款人以由此产生的请求权申报债权
	第五十六条　在人民法院确定的债权申报期限内，债权人未申报债权的，可以在破产财产最后分配前补充申报；但是，此前已进行的分配，不再对其补充分配。为审查和确认补充申报债权的费用，由补充申报人承担
	第五十七条　管理人收到债权申报材料后，应当登记造册，对申报的债权进行审查，并编制债权表。 债权表和债权申报材料由管理人保存，供利害关系人查阅
第七章 债权人会议	第五十九条　依法申报债权的债权人为债权人会议的成员，有权参加债权人会议，享有表决权
	第六十一条　债权人会议行使下列职权： （一）核查债权； （二）申请人民法院更换管理人，审查管理人的费用和报酬； （三）监督管理人； （四）选任和更换债权人委员会成员； （五）决定继续或者停止债务人的营业； （六）通过重整计划； （七）通过和解协议； （八）通过债务人财产的管理方案； （九）通过破产财产的变价方案； （十）通过破产财产的分配方案； （十一）人民法院认为应当由债权人会议行使的其他职权
	第六十八条　债权人委员会行使下列职权： （一）监督债务人财产的管理和处分； （二）监督破产财产分配； （三）提议召开债权人会议； （四）债权人会议委托的其他职权

续表

第七章 债权人会议	第六十九条 管理人实施下列行为，应当及时报告债权人委员会： （一）涉及土地、房屋等不动产权益的转让； （二）探矿权、采矿权、知识产权等财产权的转让； （三）全部库存或者营业的转让； （四）借款； （五）设定财产担保； （六）债权和有价证券的转让； （七）履行债务人和对方当事人均未履行完毕的合同； （八）放弃权利； （九）担保物的取回； （十）对债权人利益有重大影响的其他财产处分行为
第八章 重整	第七十三条 在重整期间，经债务人申请，人民法院批准，债务人可以在管理人的监督下自行管理财产和营业事务
	第七十四条 管理人负责管理财产和营业事务的，可以聘任债务人的经营管理人员负责营业事务
	第七十五条 在重整期间，对债务人的特定财产享有的担保权暂停行使
	第七十六条 债务人合法占有的他人财产，该财产的权利人在重整期间要求取回的，应当符合事先约定的条件
	第七十七条 在重整期间，债务人的出资人不得请求投资收益分配
	第七十八条 在重整期间，有下列情形之一的，经管理人或者利害关系人请求，人民法院应当裁定终止重整程序，并宣告债务人破产： （一）债务人的经营状况和财产状况继续恶化，缺乏挽救的可能性； （二）债务人有欺诈、恶意减少债务人财产或者其他显著不利于债权人的行为； （三）由于债务人的行为致使管理人无法执行职务
	第八十一条 重整计划草案应当包括下列内容： （一）债务人的经营方案； （二）债权分类； （三）债权调整方案； （四）债权受偿方案； （五）重整计划的执行期限； （六）重整计划执行的监督期限； （七）有利于债务人重整的其他方案

续表

第八章 重整	第八十二条　下列各类债权的债权人参加讨论重整计划草案的债权人会议，依照下列债权分类，分组对重整计划草案进行表决： （一）对债务人的特定财产享有担保权的债权； （二）债务人所欠职工的工资和医疗、伤残补助、抚恤费用，所欠的应当划入职工个人账户的基本养老保险、基本医疗保险费用，以及法律、行政法规规定应当支付给职工的补偿金； （三）债务人所欠税款； （四）普通债权
	第八十三条　重整计划不得规定减免债务人欠缴的本法第八十二条第一款第二项规定以外的社会保险费用；该项费用的债权人不参加重整计划草案的表决
	第八十九条　重整计划由债务人负责执行
	第九十条　自人民法院裁定批准重整计划之日起，在重整计划规定的监督期内，由管理人监督重整计划的执行。 在监督期内，债务人应当向管理人报告重整计划执行情况和债务人财务状况
	第九十一条　监督期届满时，管理人应当向人民法院提交监督报告。自监督报告提交之日起，管理人的监督职责终止
	第九十二条　经人民法院裁定批准的重整计划，对债务人和全体债权人均有约束力
	第九十三条　债务人不能执行或者不执行重整计划的，人民法院经管理人或者利害关系人请求，应当裁定终止重整计划的执行，并宣告债务人破产
	第九十四条　按照重整计划减免的债务，自重整计划执行完毕时起，债务人不再承担清偿责任
第九章 和解	第九十五条　债务人申请和解，应当提出和解协议草案
	第九十七条　债权人会议通过和解协议的决议，由出席会议的有表决权的债权人过半数同意，并且其所代表的债权额占无财产担保债权总额的三分之二以上
	第九十八条　债权人会议通过和解协议的，由人民法院裁定认可，终止和解程序，并予以公告。管理人应当向债务人移交财产和营业事务，并向人民法院提交执行职务的报告

续表

第九章 和解	第一百条 经人民法院裁定认可的和解协议，对债务人和全体和解债权人均有约束力
	第一百零一条 和解债权人对债务人的保证人和其他连带债务人所享有的权利，不受和解协议的影响
	第一百零二条 债务人应当按照和解协议规定的条件清偿债务
	第一百零三条 因债务人的欺诈或者其他违法行为而成立的和解协议，人民法院应当裁定无效，并宣告债务人破产。 有前款规定情形的，和解债权人因执行和解协议所受的清偿，在其他债权人所受清偿同等比例的范围内，不予返还
	第一百零四条 债务人不能执行或者不执行和解协议的，人民法院经和解债权人请求，应当裁定终止和解协议的执行，并宣告债务人破产。 人民法院裁定终止和解协议执行的，和解债权人在和解协议中作出的债权调整的承诺失去效力。和解债权人因执行和解协议所受的清偿仍然有效，和解债权未受清偿的部分作为破产债权
	第一百零六条 按照和解协议减免的债务，自和解协议执行完毕时起，债务人不再承担清偿责任
第十章 破产清算	第一百零七条 债务人被宣告破产后，债务人称为破产人，债务人财产称为破产财产，人民法院受理破产申请时对债务人享有的债权称为破产债权
	第一百零八条 破产宣告前，有下列情形之一的，人民法院应当裁定终结破产程序，并予以公告： （一）第三人为债务人提供足额担保或者为债务人清偿全部到期债务的； （二）债务人已清偿全部到期债务的
	第一百零九条 对破产人的特定财产享有担保权的权利人，对该特定财产享有优先受偿的权利
	第一百一十条 享有本法第一百零九条规定权利的债权人行使优先受偿权利未能完全受偿的，其未受偿的债权作为普通债权；放弃优先受偿权利的，其债权作为普通债权

续表

第十章 破产清算	第一百一十一条　管理人应当及时拟订破产财产变价方案，提交债权人会议讨论。 管理人应当按照债权人会议通过的或者人民法院依照本法第六十五条第一款规定裁定的破产财产变价方案，适时变价出售破产财产
	第一百一十二条　变价出售破产财产应当通过拍卖进行。但是，债权人会议另有决议的除外。 破产企业可以全部或者部分变价出售。企业变价出售时，可以将其中的无形资产和其他财产单独变价出售
	第一百一十三条　破产财产在优先清偿破产费用和共益债务后，依照下列顺序清偿： （一）破产人所欠职工的工资和医疗、伤残补助、抚恤费用，所欠的应当划入职工个人账户的基本养老保险、基本医疗保险费用，以及法律、行政法规规定应当支付给职工的补偿金； （二）破产人欠缴的除前项规定以外的社会保险费用和破产人所欠税款； （三）普通破产债权。 破产财产不足以清偿同一顺序的清偿要求的，按照比例分配
	第一百一十四条　破产财产的分配应当以货币分配方式进行。但是，债权人会议另有决议的除外
	第一百一十五条　管理人应当及时拟订破产财产分配方案，提交债权人会议讨论。 破产财产分配方案应当载明下列事项： （一）参加破产财产分配的债权人名称或者姓名、住所； （二）参加破产财产分配的债权额； （三）可供分配的破产财产数额； （四）破产财产分配的顺序、比例及数额； （五）实施破产财产分配的方法
	第一百一十六条　破产财产分配方案经人民法院裁定认可后，由管理人执行
	第一百一十七条　对于附生效条件或者解除条件的债权，管理人应当将其分配额提存

续表

第十章 破产清算	第一百一十八条 债权人未受领的破产财产分配额，管理人应当提存。债权人自最后分配公告之日起满二个月仍不领取的，视为放弃受领分配的权利，管理人或者人民法院应当将提存的分配额分配给其他债权人
	第一百一十九条 破产财产分配时，对于诉讼或者仲裁未决的债权，管理人应当将其分配额提存。自破产程序终结之日起满二年仍不能受领分配的，人民法院应当将提存的分配额分配给其他债权人
	第一百二十条 破产人无财产可供分配的，管理人应当请求人民法院裁定终结破产程序
	第一百二十三条 自破产程序依照本法第四十三条第四款或者第一百二十条的规定终结之日起二年内，有下列情形之一的，债权人可以请求人民法院按照破产财产分配方案进行追加分配： （一）发现有依照本法第三十一条、第三十二条、第三十三条、第三十六条规定应当追回的财产的； （二）发现破产人有应当供分配的其他财产的
	第一百二十四条 破产人的保证人和其他连带债务人，在破产程序终结后，对债权人依照破产清算程序未受清偿的债权，依法继续承担清偿责任

由表3-21不难看出，破产法中主体内容的实施，离不开会计的支持。可以说，没有债务人会计、债权人会计、管理人会计的支持，破产法的实施将寸步难行。有鉴于此，应该梳理破产法实施中需要哪些会计工作？债务人会计、债权人会计、管理人会计之间需要哪些协调工作？这些会计工作所依据的会计理论是什么？一方面，是否需要调整、修改乃至创新某些会计理论？另一方面，破产法作为公平清理债权债务、保护债权人和债务人的合法权益的法律，是否需要考虑破产会计操作、实施的特点和要求进行相应的细化或修订？

2.破产企业财产状况报告

破产法第二十五条规定,管理人的职责之一是"调查债务人财产状况,制作财产状况报告"。然而,如何理解这一职责?其报告的对象有哪些?其报告的内容、结构应该是怎样的?如何编报、什么时候编报?研究这一报告之所以重要,是因为这一报告是决定破产法顺利实施的基础,没有这一报告就难以进行破产法的操作,研究这一报告的相关理论及实务问题对法学、会计学均具有重要价值。

(1)支持破产法的有效实施。现行破产法将破产案件分为和解、重整、清算三个类。在破产和解程序中,法院指定管理人并接管破产和解企业后,管理人需要组织有关和解事务,债权人会议讨论通过和解协议、人民法院裁定终止和解程序后,管理人应当向债务人移交财产和营业事务,向人民法院提交执行职务的报告。其中债权人会议讨论和解协议草案时,需要了解企业财产、负债状况及未来经营状况,每一次债权人会议都需要提交财产状况报告。

在重整程序中,当管理人进驻接管重整企业后,必须要了解企业状况,进行财产状况的清理和梳理,为重整计划的制订提供基础;债权人会议每次在讨论重整计划、法院审批重整计划的过程中,也需要了解不同时空环境下企业财产状况的变化情况,需要提交相关财产状况报告。

在破产清算过程中,从管理人接管破产企业到破产财产变价方案、破产财产分配方案、提交破产财产分配报告,无不涉及财产、负债的分类、确认、计量及其清理等方面，每一次有关财产分配方案的债权人会议和法院的相关裁决，都需要管理人提交的财产状况报告。

不难看出，财产状况报告是各个破产案件实施中不可或缺的重要文件，没有这一文件的编报和确实，不仅将引起相关破产程序的中断，更会引起一系列相关债权人、债务人、管理人、投资人等关系人之间的矛盾冲突，甚至引起社会问题。

（2）拓展财务会计报告的研究范围。正常企业财务会计报告的研究主要围绕报告对象、报告模式、报告内容、报告时间、报告方式等方面，出现了网络会计报告、智能会计报告、自助会计报告等新的报告类型。而财产状况报告是企业处于破产和解、破产重整或破产清算期间，处于破产程序之中，受到人民法院、债权人、管理人的监督，在法律、经济、社会、文化等环境方面具有较大的特殊性，很多正常企业的交易事项都受到相应限制或约束，和解中的主要目标是实现与债权人的和解，重整中的主要目标是摆脱财务困境、实现正常财务运行机制，清算中的主要目标是债权受偿最大化，由此在报告结构及相关项目的确认、计量、披露等方面必将产生重大变化，需要我们重新思考、探讨，拓展财务报告的研究视野。

（3）丰富财务会计报告的理论体系。常规的财务会计报告理论是基于正常经营企业的持续经营环境而构建。如前述所言，在破产程序中，企业的破产和解、破产重整虽然处于持续经营状态，但除了面临正常企业涉及的各种外部环境外，还要面对法院、债权人、管理人等诸多特殊监管环境，面对和解协议或重整计划的履行等压力。和解、重整的目的在于挽救、拯救债务人，其持续经营也是特殊环境下的持续经营，有关资产、负债等确认、计量、披露等方面也呈现出一定的特殊性和要求，财产状况报告自然与正常企业存在差异，形成了特殊持续经营环境下的财产状况报告。对于破产清算而言，破产企业处于终止经营状态，其财产清理、确认、估价、变现、分配等方面均呈现出明显的特殊性，其债务确认、分类及清偿也存在独有的特点。由此可以看出，破产程序下财产状况报告的对象、环境、基础、理论、内容、时间等方面，与正常企业的财务会计报告呈现出较大甚至重大差异，形成独特的理论体系，进而形成正常经营企业财务会计报告理论与非正常经营企业财务会计报告理论，丰富和完善了财务会计报告理论体系，推动财务会计报告理论的发展。

3. 破产会计与破产法的协调

由上述不难发现，破产会计与破产法具有紧密的内在联系，这一内在联系使我们可以站在各自角度冷静审视两者的关系。从破产会计角度看，破产法中有关企业破产界限的界定、债务人财产确认与计量、破产债权的确认与计量、破产财产的分配以及破产相关信息的披露等诸多内容，均离不开破产会计的支持，没有破产会计就没有破产法的实施和操作。从破产法角度看，破产会计是实施破产法的重要且不可或缺的工具，没有破产法就没有破产会计，破产法的基本结构和要求决定了破产会计的基本内容和目标的界定，因此破产会计的基本架构和信息披露应该满足破产法实施的需要，破产会计信息披露同样应体现客观、公平、公正、充分等破产法的宗旨。就现有状况分析，破产法应该尽快制定实施细则，为破产会计的设计与操作提供可操作的依据；破产会计应依据破产法的债权受偿要求，将债务人财产分为担保财产、抵销财产、取回财产、提存财产、破产财产等类别，将债务分为担保债务、抵销债务、取回债务、破产债务等类别，实现分类确认、计量和报告，以体现破产法中财产与债权的分类管理原则，体现对应核算、管理、披露等原则。如何以及多大程度上进行两者的协调，如何建立两者的动态协调机制，怎样验证协调的效果，不断提高协调的合法性、合理性、有效性，是值得我们深入探讨的课题。

第四部分 感悟会计获新酬

自 1978 年 4 月大学一年级学习《会计原理》以来，我国企业会计制度经历了 1981 年、1985 年、1989 年、1993 年、2001 年、2007 年等多次重大变化甚至变革，由过去计划经济背景下反映国家计划完成情况转变为今天为会计信息使用者提供可靠有用的会计信息，由过去闭关锁国环境下的封闭式会计模式转变为今天全球经济一体化环境下的开放式国际趋同会计模式，40 多年的改革开放，40 多年的会计革新，会计的容貌、性格、气质、影响等方面都发生了翻天覆地的变化，大学时学的会计只剩下借贷记账法、个别会计科目依然如故，绝大部分内容已经面目全非。30 多年的会计教育教学，经历了这段会计制度改革历程，更深刻体会到会计教育教学方法、理念、内容、内涵等方面的变化和深化，从中获益颇多，也有了很多新的理解和认识。会计教育不仅需要教授会计知识，更要认识会计的管理功能及其外部性；不仅需要讲授会计方法，更要让学生把握相关原理和质疑思维，更新会计教育理念；不仅是传授专业知识，更是育人的一部分，将"教"和"育"有机结合起来，更好地体现"教育"的本质和要求。

一、建立多重教育理念

通过30多年的教育教学工作，我们发现这样一个非常有趣的现象：大学本科入学时，会计学专业的学生与市场营销专业的学生在行为气质、思考问题方式等方面并没有明显区别。然而，四年毕业后我们会看到会计学专业的毕业生严谨、谨慎而思路狭窄，市场营销专业的毕业生活泼、灵活而思路开放，步入社会后也是市场营销专业同学的职位升迁与发展快于会计学专业同学，是什么造就了两个专业同学的不同气质、不同创新能力以及不同的"社会后果"？会计职业道德问题为什么总是比市场营销职业道德问题更加突出、更加受到社会的诟病？其原因除了会计学的收敛思维方式与市场营销的开放思维方式影响外，与会计教育中过于强调细腻的、操作性强的会计处理方法不无关系，与会计教育中不重视思维方式教育、会计后果教育、诚信做人教育、质疑创新教育密切相关。

（一）为何引入多重会计教育理念

会计的发展以及各类会计人才的涌现，离不开会计教育；会计人才在各行各业中的地位及其能力的发挥，更离不开会计教育。国家技术监督局颁布的《学科分类与代码》中，会计学被列入经济学学科（790.37）；在国务院学位委员会、教育部《学位授予和人才培养学科目录》中，会计学属于管理学门类、工商管理学科下的二级学科。这是否意味着会计学具有经济学和管理学的"双重身份"？该如何进行会计学的定位及教育？

一般认为，财务会计主要是向企业所有者、债权人、政府及其有关部门和社会公众等外部关系人提供企业财务状况、财务成果以及现金流动状况的会计学分支，是与管理会计相区别的对外报告会计，主要反映和监督企业资产、负债、所有者权益、收入、费用、利润等会计要素的增减变动及其结果，为相关者进行有关经济决策提供信息。因此，人们通常将财务会计（以下称会计）称为提供财务信息的经济信息系统，将其总结为"事后算账""观念总结""马后炮"，而权责发生制的运用更进一步造就了会计的人为性质、会计信息的不可靠甚至会计造假，严重削弱和扭曲了会计的功能，强化了会计学教学过程中的技巧性训练，重"教"轻"育"，这诸多会计教育理念的误区值得我们深思和纠正，由此引起了我们对会计教育方式、方法、内容等方面的思考，更触发我们对会计教育理念的思考。其理论价值在于厘清会计教育、会计教育理念的内涵与外延，确立会计教育理念体系，丰富会计教育理论；其现实意义在于提高对会计经济性质及管理功能的认识，完善会计专业培养方案，增强学生的会计创新意识和创新能力。

（二）应该坚持哪些会计教育理念

就会计内在的知识结构和功能看，会计不仅是一门经济管理的技术、方法和工具，更具有重要的管理功能及经济性质、管理性质、信号性质、文化性质、哲学性质，会计信息的生产与披露具有重要的经济后果、管理后果、社会后果、法律后果，而会计制度的变革又是相关环境变化的结果。充分认识会计的多重性质，注重会计的相关后果教育、质疑与创新教育、品德与做人教育、比较与国际化教育，是会计教育中不可忽视的教育理念。"会计—会计信息—后果（外部性）—质疑—创新—理念—会计"是一个完整的思维逻辑。理念决定原则，原则决定行动，行动决定后果，后果决定创新，创新修正理念。会计教育理念直接影响到会计人才培养的方向（工具型还是管理型）、质量（保守型还是创新型）、规格（操作型还是能动型）。由此我们可以由"教"与"育"的含义及差异入手，回顾古往今来在教书育人、教学方法、教育创新等方面的经典论述，梳理"教育"的内涵及"会计教育"的概念；通过会计教育中的"信"与"管"、素质教育、国际化教育、终身教育、通才教育、能力教育等相关会计教育理念的分析总结，结合教育理念的讨论，抽象总结会计教育理念的内涵与外延，针对目前有关会计教育理念的误区，以会计对象（资金运动）为中心点梳理提出解决这些误区和问题的建议。从性质看，资金运动属于经济学，资金运动的形态、性质揭示了产权流动和资源配置过程与状态，资金形态的并存性、继起性体现了资金周转的环境、条件和规律，货币资金、储备资金、生产资金、商品资金等不同资金形态的循环与结果反映了资源运用过程及效率；从功能看，资金运动体现为企业供、产、销、人、财、物的运动。由资金运动引出的静态会计信息、动态会计信息生产及披露，必然对企业内部管理、外部信息使用产生重要的指针性影响，必然产生有关经济后果、管理后果、社会后果、文化后果等外部性，为此我们应该建立内在一致、严密逻辑的会计教育理念。例如，由于变更某些会计政策，人为减少了当期费用的确认，将引起利润的增加，每股收益增加，降低股票市盈率，提高其股票投资价值，引起股价上涨，市场流动性提高，股市繁荣，而一旦真相被揭露，将引起股价下跌、股市震荡甚至崩盘，经济下滑甚至企业破产倒闭，员工失业，社会动荡等。由此可见，会计政策选择的后果绝不是会计本身的变化，而是涉及一系列多米诺骨牌效应，我们学会计、教会计应该具有更多的理念，如后果理念、解惑理念、原理理念、动态理念、质疑理念、德育理念等。

1.后果理念

后果理念就是对会计政策选择或制度变更所产生的经济后果、管理后果、社会后果、法律后果、科技后果及教育后果等方面的理念。会计制度中任何一项规则的变化、会计政策选择中任何一项政策的变化，都必然会产生特定的经济后果、管理后果和法律后果。因此我们在讲授专业课时，应力求引导学生的"后果"意识，引导其建立会计职业判断的思路、提高其职业判断能力。例如，我国关于债务重组受益的会计规则经历了两次截然相反的规范：1999年实施的《债务重组》准则规定，将债务重组收益计入营业外收入，实现了与国际会计准则的同一，但由此也引发了诸多上市公司利用这一规则操纵债务重组收益计量，甚至虚构债务重组业务以达到增加当期利润之目的。鉴于这一问题，2001年实施了修改后的该准则规定，有关债务重组收益不再计入营业外收入而是计入资本供给，这一规则虽然与国际会计准则相左，但极大限制了企业的会计造假行为。对债务重组准则的这些修订无疑是依据相关经济后果、管理后果、法律后果做出的调整，而2007年又恢复到1999年的规定，则是基于与国际会计准则趋同的大背景及法律后果的要求。又如，某项费用支出金额较大且受益期在一年以内，我们可以选择待摊或预提的方式处理，如果预提或待摊的期限跨年度，将对前后各年度的损益产生如下影响：如果采用预提方式，在费用支付前将增加费用、降低利润、减少所得税、降低每股净收益、提高市盈率、降低企业投资价值和筹资能力、降低企业绩效、降低企业的获利能力甚至促使上市公司ST或退市；如果采用待摊方式则会产生相反的结果。

2. 解惑理念

解惑教育是解决"为什么"的最重要途径，善于解惑将大大激发学生的求知欲、增强其创造意识和创造能力，很多"为什么"的思考和追求造就了伟大的科学理论和科学成果：苹果坠落的"为什么"产生了牛顿定律，水壶盖被沸水顶起的"为什么"产生了蒸汽机，星系之间不断远离的"为什么"产生了宇宙大爆炸理论，如此不一而足。会计规则及其变迁的"为什么"同样产生了许多神奇的理论和方法，并通过不断完善指导会计实践的进步和繁荣。例如，20世纪三十年代爆发于美国的经济危机，基于为什么没有可资参考的会计规则的思考，引发了后来会计程序委员会、会计原则委员会、会计准则委员会的建立和运作，并最终形成了在全球具有权威性的会计概念框架；20世纪八十年代暴发于美国的信贷危机，基于历史成本计量掩盖了"问题贷款"不能及时反映相关市场风险的思考，人们提出了"公允价值"的概念并形成了系列公允价值理论，应用于会计准则规范中。就我国企业会计制度而言，新中国成立以来曾经历了11次大的会计制度变革，每一次变革都涉及会计科目、会计报表乃至会计确认、计量的变化，了解其背后的"为什么"应该是我们教学的重中之重，任何变化、变革、改革都有其深层次的缘由，了解、把握、理解这些缘由，是全面、系统掌握会计知识、会计理论、会计方法的重要内容。例如，2007年新会计准则中，固定资产的确认标准中取消了应用几十年的单价标准，给实际工作部门的会计判断带来了较大困难，但这一变革却具有其内在的合理性，因为企业的性质不同、规模不同，列入固定资产核算的标准应该有所不同，不能一刀切，原来单价2000元的标准对于服装厂显然过高、对于石油勘探业显然过低；又如，准则规定，分期付款购买固定资产超过正常信用条件的，应以折现后的现值入账，现值与应付款总额的差额作为未确认融资费用分期摊销，这一规则似乎人为减少了固定资产的入账价值、违背了可观性原则，实际上这一规则恰恰反映了可观性的要求，因为资产的使用价值并不会因为付款期限的长短而有所增减，现值与应付款总额的差额正是反映了该项资产的融资费用。

3.原理理念

一般而言，原理是指在大量观察、实践的基础上，经过归纳、概括而得出的基本规律。现在会计学本科毕业生中，很大一部分对所学专业知识掌握的支离破碎、缺乏整体认识和理解，其重要原因之一在于缺乏会计学知识的原理教育。任何会计规则都是一定会计原理的体现，原理理念就是要建立因果思维、系统思维，从而完整、准确理解会计知识，实现对会计知识的个体到整体的跨越、具体到抽象的跨越、现象到本质的跨越。无论会计中的哪一部分内容，都要把握基础会计中的基本原理和账务处理程序，铭刻确认、计量、记录、报告的规则和流程，从原理、规律角度认识和讲解相关依据和方法。例如，长期股权投资日常核算中，要求属于共同控制、重大影响的，采用权益法；属于具有控制权或投资份额较小不具有共同控制、重大影响的，采用成本法。在2001年实施的企业会计制度中，属于共同控制、重大影响、具有控制权的投资，一律采用权益法。这一规则变化的原理在于，我国的母公司通常是非上市公司，而子公司属于上市公司，2001年的规则下产生了一些上市公司的母公司预分股利、上市的子公司不派现，进而引起母公司长期借而不还上市公司款项的问题，其源头在于权益法核算长期股权投资下，投资方按照被投资方实现的净利润调整其投资收益，如果改按成本法核算则解决了这一问题，但同时引起了母公司编制合并报表前需要将原来成本法核算的长期股权投资调整为权益法下的长期股权投资，以便进行合并抵销。这里所隐含的一系列确认、计量、记录和报告的原理，需要理出相应头绪，形成一个原理脉络，进而形成系统、整体概念。此外，购买股票对交易性金融资产、可供出售金融资产、长期股权投资的划分，以及后续计量中该股票价格波动的会计处理的差别，同样隐含着相关会计信息可靠性、有用性的原理。

4. 动态理念

变化是绝对的、不变是相对的，会计规则的这一特征有目共睹。因此在讲解相关会计规则时，面对静态结合动态，是理解会计规则精髓、变化规律、变化方向的重要方法，是培养学生历史思维、动态思维的重要手段。例如，被投资单位宣告分派利润或现金股利的账务处理，在我国经历了三个阶段：1993年"两则两制"的会计制度规定，收到股利时确认为投资收益，被投资方无力支付时不作账务处理；2001年实施的企业会计制度和2007年实施的会计准则规定，投资单位的投资收益仅限于被投资单位接受投资后产生的累积净利润的分配额，超过部分冲减投资；2009年会计准则解释第3号规定，投资方按照投资比例确认享有投资收益，不再划分是否属于投资前和投资后被投资单位实现的净利润。可见，1993年的规定遵循了收付实现制，2001年的规定采用了权责发生制并遵照配比关系、因果关系进行了投资收益的确认，而2009年的规定不再区分投资前和投资后的投资收益，增强了确认和计量的可靠性、可操作性。动态理念的教学，有助于学生对所学知识的理解和掌握，避免死记硬背、应试学习，从而提高其辩证思维、变中识金的能力。

5. 质疑理念

质疑即逆向，为什么是这样、不这样会怎样、应该怎样？质疑理念需要建立发散思维、文化思维。兴趣是最好的老师。建立质疑理念有助于激发学生的学习兴趣、提高其成就感和创新能力。上述谈到的会计准则中固定资产单价标准的取消、投资收益确认和计量的变化等，都是质疑的结果。再如，我国《企业合并》会计准则中，将企业合并分为同一控制合并与非同一控制合并，进而产生合并计价与会计处理、合并报表的编制种类及内容等方面的差异。同一控制合并中不产生新的资产、负债，而仅仅是资产、负债的位移，合并双方的定价很难做到公允，而采用账面价值计价、不确认商誉，合并价差调整资本公积，这显然是为了规避会计造假而进行的中国特色的规定。实际上，同一控制合并中的合并双方都是企业法人，具有独立的经济利益、行为能力，受公司法的约束，这一类合并的会计处理与公司法的规定相悖，剥夺了企业作为市场主体的地位，也不利于会计处理的一致性、不利于会计信息的可比性、有用性，取消同一控制合并类别、统一采用购买法合并，无论是从理论角度、实务角度，还是与国际会计准则趋同角度，都是大势所趋。

6.德育理念

"智商高、情商低"是社会对很多大学生的评价。其实这里的"情商低"很大程度上是"德"的问题。我们见到过许多会计人员利用职务之便贪污、挪用、受贿的案例，其中除了内部控制制度的问题外，更重要的是"德"出了问题，而这一问题的出现是长期潜移默化的结果，与在校期间相关德育、职业道德教育不无关系。对此我们在会计课程教学过程中，通过案例、课程内容进行人生观、价值观、世界观、诚信、清廉等方面的直接和间接教育。主要的德育点如：货币资金收支、存货收发、有价证券购售、固定资产处置、无形资产确认、负债的形成与偿还、所有者权益的确认、损益的确认与分配、财务报表的编报等。从资金循环与周转中"货币资金——储备资金——生产资金——成品资金——货币资金"的路径中,我们可以看到资金周转中不同资金形态并存性、继起性的条件,看到货币资金(经济利益)的核心作用,"经济利益"也是会计准则中有关会计要素确认的核心。会计中的"经济利益"相当于人的"德",离开"经济利益"的会计将不复存在,离开"德"的人将变成一具空壳。此外,我们可以通过课堂教学尝试如下德育方式:历史成本与个人成就,公允价值与世界看法,货币资金与人生追求,有价证券与金钱崇拜,存货收发与诚信做人,固定资产与生命价值,无形资产与品德价值,负债的履行与感恩,所有者权益与务实,损益与公平,财务报表的编报与合作等,结合会计职业道德方面的案例增强其生动性,在此不再赘述。

上述有关理念是一个有机整体,德育是灵魂,原理是基础,解惑是重心,后果是延伸,动态是方法,质疑是升华。例如,货币资金讲授中,正确引导对金钱的认识,讲解货币资金分类及其核算方法的基本原理,说明为什么不同类别货币资金的核算要求不同以及为什么在资产负债表中列为一个报表项目,引申货币资金核算方法、管理制度不同将产生的相关后果,通过历史回顾介绍不同会计制度中有关货币资金核算的变迁及缘由,指出现行货币资金核算与控制中的问题及解决方法,以便充分把握相关内容中会计、经济、管理、文化、道德、后果等方面的含义,其基本关系如图4-1所示。

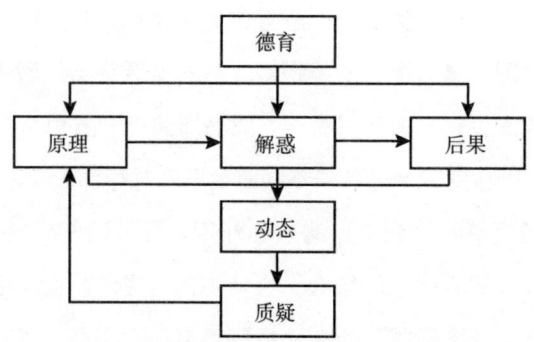

图4-1 会计教育理念改进途径及其内在关系图

在会计教育理念基础上,可以构建会计学的"辐射性教学模式",即以会计专业课程为立足点,引入、吸收相关学科的理论与思维,建立以下思维:

第一,认识收敛思维,强化发散思维。毋庸置疑,不同学科具有不同的思维方式,进而产生不同的思维后果。通过观察会计学专业与市场营销专业同学在思维、行为、气质等方面的变化,我们不难发现,大一入校时没有差异,而大四毕业时,我们会惊奇的发现会计学专业学生表现出严谨、谨慎、细致但偏向于内敛等品质,而市场营销专业的同学表现出敏捷、开放、活跃但偏向于粗放等品质,由此我们不能不说,会计学专业具有收敛性的思维特征,由此限制了会计学的教学思维。引入和强化发散思维,是我们在会计教学中由会计走向管理、建立会计后果理念、培养管理型会计人才的重要途径。

第二,立足抽象思维,补充形象思维。会计学作为应用性学科,不仅需要理论、交易事项的抽象思维,更需要补充各种类型的形象思维。为此各高校都建立了会计实验室,引入案例教学,设立相关课程的实验课、实习课,为提高学生的动手能力发挥了非常重要的作用。而这些形象思维的课程和教学安排,大多局限在会计范围,有关企业生产工艺、社会、经济以及文化等方面的了解明显不足,不利于学生对会计地位、性质、功能的理解。为此,除了带领学生到企业参观考察外,还可以建立企业管理实验室,模拟企业所有者、债权人、管理者、员工等机构和关系人之间的业务联系及需求,在ERP外补充鲜活的形象思维;建立社会实验室,将社会管理者的政府、经济运作的企业、金融服务的银行等纳入进来,了解政府运作和金融运作与企业运作的关系,补充会计在宏观经济运行中的想象思维。当然,这些实验室不仅仅是会计专业的事情,可以在目前工商管理实验室基础上进行扩展补充,吸收经济学专业、社会学专业等参与建设。

第三,立足规则思维,培养质疑思维。世界上唯一不变的是变化。一定的会计规则是特定环境的产物,掌握现实会计规则是认识现实会计的必修课,但现实规则是否完美无缺、普遍适用?培养质疑思维的主要目的在于更全面地认识现实规则,锻炼和培养创新意识、前瞻意识和能力,避免将会计陷入僵化会计处理的泥潭。

第四,立足个别思维,锻炼系统思维。会计本身是一个富有严密逻辑的信息系统,又是社会经济系统中的一个子系统,与其他相关系统存在千丝万缕的联系,除了认识把握会计系统外,还应树立相关系统关联的理念,以便全面认识会计,避免盲人摸象。会计学作为系列知识体系，不仅具有严密的内在逻辑，也与相关学科建立了密切的血缘联系。任何会计课程都不是孤立的，树立和采用系统思维、比较教学理念，可以更完整、准确地理解课程的内涵与本质。如"财务会计"各章内部及各章之间均有大量、丰富的比较内容；财务会计反映和监督内容可与会计原理中所讲会计概念及其内容相比较；资金、成本、利润、税金、资金运动、资金循环过程等可与政治经济学中有关资本、资本循环、剩余价值等内容相比较，与西方经济学中的相关概念比较；产品成本核算办法可与企业管理中生产管理、工艺流程等内容结合讲解等，以此有助于完整理解财务会计课程的内容及其内在关系和外部联系。

第五，立足会计思维，树立环境思维。会计目标以及会计要素的分类、确认、计量、记录、报告，既是一系列会计思维的需要和结果，也是特定环境的产物。因此，建立会计规则的环境理念，不仅是认识特定环境下的会计规则的需要，更是从不同国家和地区的环境差异及其变化中反思会计规则科学性、合理性、适用性的需要，有助于从整体上把握会计与环境的互动关系，培养学生对会计规则变革的前瞻能力，锻炼学习、工作中的主动性和创造性。

第六，立足静态思维，嵌入动态思维。以现实会计规则为基础，简要介绍该规则的演进过程和原因，有助于认识会计与环境的关系，把握会计规则变化的基本脉络，深入了解社会、政治、经济、文化、科技、教育等环境对会计的影响，了解会计对相关环境的反作用，从变化、求真、历史中认识会计。

第七，立足技能思维，融入育人思维。会计教育既是"教"，也是"育"。会计教学是会计教育的核心、直接的体现方式，教授会计技能以外的育人教育尤为重要。肯·罗宾逊（Ken Robinson）与卢·阿罗尼卡（Lou Aronica）的《让天赋自由——你真实生命的呼唤》一书，将现代教育的弊端归纳为功利与势力的教育、机械化的教育、力求从众的教育、分数主义教育等问题，揭示现代教育中育人的缺失，提出每个人都有属于自己的才华、谁都能飞、忘我、幸运来自态度、认识生命中的良师、何时努力均不迟、学校的好成绩不等于人生的好成绩等观点，对于我们培养会计学专业学生认识自己的天赋、发挥天赋的热情、保持真诚的态度、抓住送来的机遇非常有借鉴意义。苏联著名教育实践家和教育理论家瓦·阿·苏霍姆林斯基也认为："世界上没有才能的人是没有的。问题在于教育者要去发现每一位学生的禀赋、兴趣、爱好和特长，为他们的表现和发展提供充分的条件和正确引导。"在会计学教学过程中如何弥补学生做人、做事方面的欠缺，发现和发挥其特长，使之确立良好的社交礼仪、世界观、人生观、价值观，使其明确如何做好会计工作、管理工作，是我们面临的一项重要课题和难题。

第八，立足个体思维，寻求合作思维。合作能力是现代社会中不可或缺的重要能力之一。会计中除了相关岗位与人员之间的合作外，还需要与顾客、供应商、银行、审计、政府部门等方面的合作，培养学生的合作意识、合作能力也是会计学专业重要的培养目标之一。为此我们已经充分认识到这一点，但在具体操作中可以利用案例教学、实习、访问、调查等途径加以强化，寻求因地制宜的合作思维与合作方式，在个体优秀的基础上构造整体优势，实现"沟通—合作—做人—做事"的优化,培养在社会中立足、立命、立事、利人的有用人才。

第九,立足操作思维,巩固原理思维。近年来,随着就业压力的增大,用人单位更加看中学生的操作能力、实践能力,许多高校也为此加大了学生操作技能的教学和训练,这是应对市场需求的重要举措,值得肯定。但大学不是职业高中、中等专业技术学校,只满足于操作技能的培养显然不是大学之道。大学应交给学生更多、更新、更有用的思维方式,巩固相关操作原理的培养是具有长期性、根本性的战略性教学,更有利于学生把握会计与会计知识的精髓,更有利于学生的长远发展和社会的进步。

二、采用质疑教学方法

近些年给全日制硕士、博士讲授《会计理论研究》,时常发现这样的现象,讲到某一交易事项的会计处理后,请同学们谈谈该会计处理的理论依据、涉及哪些会计理论、有哪些方面的影响等问题时,大多数同学都一脸茫然,对会计制度的演进或变化不甚了解、也没有兴趣了解,对相关原理掌握得不够透彻,其重要原因之一就是批判性思维不够、质疑性思维不够,而仅仅将会计学成了一种技术、工具或方法,犹如拥有一部智能手机却只会接打电话,是不是太过浪费资源?为此我思考了差不多十年之久。

实际上,会计作为一门应用性学科,除了自身相关思维、理论、技能、方法外,还与管理学、经济学、法学等学科具有非常密切的关系。而对于置身于会计学学习中的学生来说,往往只见树木不见森林,依附会计制度而较少提出质疑,关注细节而忽视相关知识的整体性及关联度,尤其对于会计学的管理学性质、经济学性质认识模糊,限制了其思维的拓展与相关知识的深刻理解,不利于其创新能力及融会贯通能力的培育。为此,我们可以试着采取质疑教学法。

（一）认识质疑教学法的特点

质疑教学的思想古今中外早已有之。孔子有"不愤不启，不悱不发"之论断，《中庸》中也有"博学之，审问之，慎思之，明辨之，笃行之"的名言。质疑教学法是为求证和创新知识而实施的提出问题、分析问题、解决问题的一种启发式教学方法，其内涵在于"解决问题"与"创新思维"，外延包括"是什么"的求证、"为什么"的探源以及"应该怎样"的思考等诸多方面，其重心在于增强学生对所学知识系统性、原理性的理解，提高师生之间的互动水平，进而实现改善教学效果、提高教学质量之目的。

质疑教学法的宗旨在于启发和解决问题，与之关系密切的教学法主要有启发式教学法、讨论式教学法、问题引导教学法等。这些教学法中，讨论式教学法、问题引导式教学法均属于启发式教学法。讨论式教学法通过课题讨论，重在解决教学中的重点、难点、疑点，即主要解决"是什么"的问题；问题引导教学法通过提问、分析、解答等程序，重在解决对知识整体性的认识和理解，解决"是什么"和"为什么"的问题，较讨论式教学法又进了一步；启发式教学法则是相对于灌输式教学法而言的，重在培养学生自主学习、主动学习、独立思考的能力，是一类涵盖面广、内容丰富、方法多样的教学方法，可以说是教学方法中的方法论。质疑教学法作为启发式教学之一，涵盖了讨论式教学法、问题引导式教学法的主体内容，除了解决"是什么""为什么"外，更重要的在于"应该怎样"，具有自身显著的特点与优势，主要表现如下：

1. 教学理念的求异性

各种发明创造无一不是求异的结果。质疑的核心在于求证、好奇、疑问、探究，可以归结为求异性，保持和强化教学中的求异性可以更好地激发学生的好奇心、求知欲、创造性，培养其敢于向传统、权威挑战的勇敢精神。

2. 教学重心的思辨性

求异的实现需要逻辑、哲学的思辨。求异作为创新和创造的起点，需要思考求异的必要性、可能性、现实性，从中理解和发挥科学原理，思辨其矛盾所在以及解决矛盾的思路、方法和路径。哥白尼的日心说、宇宙大爆炸理论等都是思辨的产物，会计中公允价值的产生与应用也是思辨的结果。

3. 教学主体的主动性

教师与学生是教学的主体。以"质疑"为纽带，将教学双方带入寻找问题、质疑问题、观察问题、思考问题、分析问题、解决问题的逻辑中，并从问题的梳理、解决与创新中体验成就感，甚至从相关成果被社会承认或采用中体会智慧的社会价值，从而增强教学双方教与学的主动性、思考问题的主动性、求异思变的主动性，锻炼和培养质疑习惯与创新能力，推动社会的发展进步。

4. 教学思维的逆向性

质疑教学中的"是什么"重在解释现实的状态,"为什么"重在解释现实的合理性,"应该怎样"重在探寻不同的现实,说明"这样有什么问题?""不这样应该怎样?""如何实现改变?""改变后会产生什么问题以及怎样应对"等,这就需要逆向思维。教学思维的逆向性,除了深化对原理的理解外,更重要的是提供思考问题的新思路及多种层面、多种角度的视角,有助于从模仿走向创新。

5. 教学流程的多向性

"质疑"的问题可以是课前准备好的,也可以是教学进行中随时发现的;质疑的内容可以是课程之内的,也可以是与课程有关的课外问题;质疑问题的结论可以是明确的,也可以是待定、没有统一答案的。由于质疑教学法的这些灵活性,决定了教学流程是多向的:提问的主体可以是教师,也可以是学生;可以是"问题—分析—结论"的流程,也可以是反过来的"结论—分析—问题"流程,还可以是"问题—结论—分析"等流程,依据探讨和质疑问题的不同可以采用不同及混合的流程,从而扩展了讨论的范围,有助于拓展师生的视野、角度,加深对有关问题的认识、理解及辨识,提高综合分析问题的能力。

（二）为什么引入质疑教学法

在学科属性上，国家技术监督局《学科分类与代码》（GB/T13745—92）中，将会计学列为经济学（编码为790.37）；国务院学位委员会、教育部《学位授予和人才培养学科目录（2011年）》中，会计学列为管理学门类下工商管理学科下的二级学科（编号为120201）。很显然，会计的学科属性是经济学，会计工作的属性在于管理学，会计学本身具有独特的确认、计量、记录、报告等一系列内在逻辑。由于会计学学科属性及其内在逻辑和内容的复杂性，形成了会计学教学中的复杂性，致使很大一部分学生对会计学习产生了抵触情绪，以致大学四年毕业后仍对会计云里雾里，或成为应试型的"学霸"，严重脱离了会计学专业培养目标，削弱了学生的培养质量。质疑是兴趣的导引，是理解的钥匙，是创新的前提和重要源泉之一。"质疑创新"应该是会计教育中的重要理念（栾甫贵，2013），质疑教学法的应用有助于解决会计教学中的现实问题、提升整体会计教学质量。

1. 体现会计学的逻辑学性质

逻辑学作为研究思维形式的科学，为会计学教学的质疑教学法提供了强有力的方法论支持和理论依据。逻辑学的核心主线在于概念、判断、推理，其中概念中的内涵与外延（会计的概念与分类）、同一关系（会计对象与资金运动）、从属关系（资产与存货）、交叉关系（营利与非营利组织会计的记账基础）、矛盾关系（资产与权益）等是认识会计学内在逻辑的基础，如何避免偷换概念、因果倒置、以偏概全、自相矛盾、循环论证、同语反复、循环定义、转移论题等是把握会计基本理论和方法的重要标志。判断中的全称肯定判断（所有负债都是应偿还的义务）、全称否定判断（所有的资产都不是应偿还的义务）、特称肯定判断（有的负债是未来偿还的义务）、特称否定判断（有的资产类账户不是借方余额）等是鉴别会计知识、会计规则的基础思维规范和重要标准。推理作为从已知推出未知的思维过程，无论是演绎推理（待处理财产损失不是资产）、归纳推理（递延所得税资产），还是类比推理（亏存货是损失，盘亏固定资产是损失）、三段论（资产是预期能够带来经济利益的资源，存货是资产，所以存货是预期能够带来经济利益的资源），都是理解会计内在知识及其与相关知识的重要方法，也是判断和界定新发生交易事项会计处理及其外部性的重要理论依据；而同一律（固定资产与不动产）、矛盾律（债权人投入属于负债，所有者投入也是负债）、排中律（历史成本与公允价值）、充足理由律（开发费用资本化的条件）等逻辑思维的基本规律，更是指导会计规则的制定、理解及应用的基本定律。

2. 缓解和解决会计学教学中的偏颇倾向

在我国会计学教学思维中，存在比较严重的重会计轻管理（对会计的管理功能重视不够）、重操作轻原理（对会计规则的基本原理理解不够）、重规则轻质疑（对相关会计规则合理性、科学性的质疑不够）、重簿记轻报告（对财务报告的整体作用理解不够）、重现在轻历史（对会计规则的历史演进及其背景把握不够）、重西方轻本土（对我国创新性的会计理论及方法的挖掘、运用不够）、重个体轻系统（对会计的整体认识、理解不够）、重本体轻环境（对环境变化的影响认识不够）、重技巧轻育人（对学生品德方面的渗透教育不够）等问题（栾甫贵，2011）。这些偏颇的主要原因在于教与学中简单的实用主义、拿来主义。质疑教学法从探根求源、异向思维角度，通过对表层、里层、深层以及联想等因果关系的探究，将较好地解决上述问题：通过为什么需要会计以及会计目的等质疑（资源稀缺及其有效配置要求），增强对会计的管理功能的认识；通过类似交易事项会计处理的差异（固定资产与低值易耗品），增强对会计规则原理的认识；通过有关会计处理合理性的追问（长期资产提取的减值在该项资产处置前不得转回），增强会计规则质疑性的认识；通过账务处理流程逻辑的梳理（确认、计量、记录、报告），增强对财务会计报告核心地位的认识；通过会计规则变化的质疑（固定资产取消单价标准），增强对会计历史演进及其合理性的认识；通过西方会计规则对我国交易事项适用性的质疑（公允价值应用），增强对本土会计理论与实务的认识；通过单个交易事项会计处理性质与地位的质疑（凭证、账簿、报表、报告），增强对会计系统整体性的认识；通过会计规则变化及其与政治、经济、法律、科技等互动的质疑（我国会计准则的国际趋同），增强对会计环境的认识；通过会计知识水平与职业道德水平关系的质疑（会计贪腐人员的学历学位），增强对情商、德育、育人等方面的认识，如此等等，以求得会计教学与教育中有关认识、能力、思维等方面的均衡发展。

3. 调整和恢复会计学教学重心

"宽口径、厚基础、重能力"是现代大学教育的基本要求，但仅仅通过公共课、专业基础课、专业课的设置并不能满足上述要求，还需要会计学授课过程中将相关知识引入、整合于课堂教学中，否则大学四年开设的60门左右的课程将是一个拼盘，而不能像咖啡牛奶一样融会贯通，这已经为我们会计学专业毕业生的知识能力所证实。"宽口径、厚基础"的落脚点或目的在于提高能力，而这里的能力绝不是考试或应试能力，而是综合运用所学知识认识问题、解决问题、创新发展的能力。会计学的质疑教学通过会计学知识与相关学科和知识的质疑讨论，使学生更清晰、深入、全面理解和把握所学知识，有助于整合相关知识的联系及运用方法，增强会计学专业知识与其他学科相关知识的辐射、比较、融合及应用，培养学生对会计学专业辐射思维、创新思维、外部性思维的教学模式，逐步构建会计学的"辐射性教学模式"（赵晓霞，2012），从应试教育转向能力教育。例如，某企业上年度少摊销费用，将虚增净利润，提高每股收益，降低其股票市盈率，提高其投资价值，引起该股票价格上涨，一旦其造假被披露出来，则会引发该股票价格下跌，如果多家公司甚至更多公司如此造假，必将引发股市震动甚至资本市场的动荡乃至股灾，冲击宏观经济发展，我国2001年左右的银广夏、蓝田股份等公司的造假所引发的连续五年的熊市就是例证。

4. 培养和提高学生的开拓创新能力

质疑是创新的前提。没有苹果为什么会掉落地上的质疑，就不会有牛顿的万有引力定律；没有水沸腾后为什么会顶起壶盖的质疑，就不会有瓦特的蒸汽机。事物为什么是这样、不这样会怎样、应该怎样？现在如此，过去是怎样的？为什么变成现在这样？今后会怎样……无数的质疑造就了无数的发明家、科学家，带来了科技、经济、社会等方面的进步。会计的发展演进以及对会计认识的提升，也是不断质疑、革新的结果。我国 1949 年以来发布实施的每一项会计制度，都是质疑基础上加以改进的结果；每一项会计规则的变更也是适应环境变化、交易事项内容变化、满足管理要求及经济发展需要的结果。我国 1993 年实施的"两则两制"，是适应建立社会主义市场经济体制目标的需要，是质疑计划经济背景下会计模式的结果；2001 年实施的《企业会计制度》，是适应加入 WTO 的需要，是质疑 1993 年会计规则没有与国际会计惯例协调的结果；2007 年实施的企业会计准则体系，是质疑 2001 年企业会计制度没有与国际会计准则趋同的结果。同理，学生毕业后对现实问题的解决，也是质疑书本、质疑制度、质疑环境变迁及管理要求后做出的创新性认识的结果。

5. 锻炼和塑造教师的传道解惑能力

韩愈的"传道授业解惑"，精辟地总结和概括了身为教师的职责，成为千百年来教育工作者的信条。然而由于课时、教学大纲的限制，在应试教育、实用主义的大背景下，会计学教师关注"授业"较多，"传道""解惑"不够。在质疑教学法下，将通过师生间的设问、提问、互问、讨论等方式，在会计专业知识与相关专业知识的传授、理解中，培养学生的人格品质、道德情操，锻炼其解惑能力，进而提高其独立思考、主动学习、自主学习的能力，同时也增强教师的爱心、耐心、责任心。如此便要求教师关注有关传道、解惑的内容、技巧、方法，锻炼和提高教师的传道解惑能力，这对于青年教师更为重要。例如，固定资产折旧核算中为什么设置"累计折旧"账户？设置这一账户的结果是，经过固定资产折旧后将使得固定资产账户余额保持原值不变。那么，为什么要保持原值？这个原值有何作用？因为固定资产原值可以反映企业的生产规模和生产能力，是企业管理中的一项重要指标，是资源配置的重要组成部分。保持原值，也是保持做人的本分，品德不能因为时间的流逝而"折旧"。

（三）怎样应用质疑教学法

随着经济、社会、科技、法律等环境的变化，尤其是近年来信息化、大数据、云计算、智能财务机器人的出现和发展，也为会计教育带来了重大挑战，教学法作为教育的工具，必须服务于教育的目的、内容和环境，与时俱进，会计教学方法也应随之调整优化，会计学的质疑教学法也不例外。

1. 会计学质疑教学法应用的范围

会计学作为一个较为庞大、复杂的知识体系，涉及种种繁杂的会计分类，如营利组织会计、政府与非营利组织会计，财务会计与管理会计，会计理论与会计实务，会计史与会计制度设计，持续经营企业会计与终止经营企业会计等。无论哪类以及哪门会计学课程，都包含了会计学自身的知识体系及其与经济学、管理学等学科的联系，而会计学内部各个知识点之间的相互关联、相关知识点与相关学科的关联、会计政策的规定与选择、会计理论与会计实务的差异等,足以支撑质疑教学法的应用。因此,所有会计学课程均可以引入质疑教学法,通过质疑教学丰富教学方法、激发同学的学习兴趣,进而改善其思维方式、活跃课堂气氛、深化知识理解、增强创新意识和能力。我们可以大胆地说,任何会计理论、会计概念、会计方法均有其不足之处,均可以提出质疑并力求改进。例如,现在资产的概念被界定为:"企业过去的交易或者事项形成的、由企业拥有或者控制的、预期会给企业带来经济利益的资源。"这一定义涵盖了过去、现在、未来三个时间段,但衍生金融工具则属于未来结算,企业不一定拥有或控制,预期是否带来经济利益也不确定,由此,上述资产定义合理、科学吗?是否需要重新考虑?各门会计学专业课程中均有类似的问题或疑问,为会计学质疑教学法的应用提供了广泛丰富、永无止境的依据。

2. 会计学质疑教学法应用的准备

质疑教学法的实施需要师生的合作共同完成,双方在上课前均应做相应的准备。教师的准备工作主要包括:除了第一次课之外,每次课结束前布置下次课学生应准备的质疑点,收集和准备相关知识、案例,做好质疑点讨论、争议的多种可能性,计划质疑点提出和讨论的顺序、方式、时间等。学生的准备工作主要包括:质疑的内容,支持或反对质疑观点的理由,收集相关质疑点的资料、案例,整理质疑点相关知识,组织质疑表达的语言,思考解决质疑的路径、方法等。例如,无形资产摊销中为什么设置"累计摊销"账户?2007年实施新准则前并没有设置这一账户,设置这一账户的依据是什么?无形资产可能有哪几种摊销方法?2017年修改后的《收入》

会计准则中，为什么以控制权转移替代风险报酬转移作为收入确认时点的判断标准？在会计信息计算机化、网络化甚至智能化的背景下，基础会计中所讲的会计核算七种方法是否适用？哪些方法可能受到冲击？受到什么冲击？如何构建和设计适用于新环境的会计核算方法？准备工作的充分程度决定了质疑教学的效果，教学双方需要充分认识、理解、了解质疑教学的价值，做好思想、资料、思路、语言等方面的准备工作。

3. 会计学质疑教学法应用的程序

质疑教学法的应用，可以单独实施，也可以嵌在课堂教学内容中，无论单独实施还是嵌入式实施，其基本程序均可以按照"质疑—辨疑—释疑—解疑"的流程进行。

提出质疑。质疑可以由老师提出，也可以由学生提出。例如，以房价下跌为例，引入固定资产提取减值准备的问题，提出固定资产等七项长期资产提取的减值准备，为什么在该项资产处置前不得转回？这一规定是否过于武断而失去合理性？

辨疑。针对上述质疑，师生之间、同学之间可以从正方与反方两个角度进行辩论、讨论，教师不要给出自己的答案与看法，让学生充分认识减值准备的内涵、长期资产减值准备不得转回的理论依据、现实依据及其利弊，有关减值的经济学分析、管理影响等。

释疑。根据辨疑的讨论，教师应进行相关归纳、总结、分析，提出思考问题、解决问题的思路。长期资产减值准备不得转回，有一定的客观依据，因为长期资产的价格走势具有一定的惯性，如果减值，短期内没有转回的可能，如我国股市在2001~2005年持续下跌，减值不允许转回符合一定的客观实际，也为抑制会计造假起到了重要作用，但该规定抹杀了资产价格转回可能性，一定程度上违背了客观实际，如果根据以往市场价格波动规律，规定一定时期内不允许转回，则可以较好解决上述矛盾和问题。如此释疑将给回答正确的同学以极大的鼓励，给没有准确、完整回答的同学以新的思维启示，激励其下次思考问题时更加缜密。

解疑。教师根据课题辨疑、讨论的观点及论据进行总结梳理，由一点展开到线、面、立体，使学生掌握会计知识的系统化、整体化的思维方式，拓展会计学习和研究的视野，充分认识会计的经济、管理等功能。针对上述长期资产减值规则的质疑、辨疑、释疑，总结该规则出台的背景、缘由，分析该规则合理与不合理之处及其对企业财务状况、获利能力评价的影响，分析该规则与国际会计准则存在重大差异的缘由及其趋同的影响，分析对企业投资、融资与绩效评价的影响，分析有关经济环境变化对资产减值的影响以及公允价值顺周期效应等。

4.会计学质疑教学法应用的模式

根据会计学相关专业课程内在知识的特点及关联性，我们将会计学质疑教学法的应用模式概括为以下三类：

(1) 流程质疑模式。是指按照通常的"设疑、辨疑、释疑、解疑"的流程实施质疑教学的模式,重在梳理和锻炼学生的逻辑思维能力,如上述资产减值的事例。

(2) 分层质疑模式。是指通过表层质疑、里层质疑、深层质疑等逐步递进的方式实施质疑教学的模式,其中每个层次都包含流程质疑模式,重在锻炼和培养学生由表及里、由此及彼的深层思维能力,训练其由现象分析把握本质的能力。例如,计提固定资产折旧时,为什么不直接减少固定资产账面余额而是计入"累计折旧"贷方?理由是要保持固定资产账面余额不变,以反映生产企业的生产规模和生产能力,这属于表层质疑;里层质疑是指表层质疑背后的质疑:固定资产折旧的提取是通过一定的折旧方法实现的,那么有哪些固定资产折旧方法可供选择?如何选择折旧方法?不同折旧方法的选择对企业的偿债能力、获利能力以及企业投融资等会产生什么后果和影响?深层质疑是指里层质疑基础上的基于相关理论的质疑:固定资产为什么要计提折旧?折旧的基础是历史成本还是公允价值?企业为什么采用权责发生制?权责发生制的利弊及其与收付实现制的差异何在?是否有权责发生制与收付实现制以外更合理的记账基础?等等。

(3) 辐射质疑模式。是指由会计学专业知识与其他相关学科知识的辐射、比较、融合、应用以及会计学专业内部相关知识的联系、融合、层级递进与升华的质疑教学模式,重在锻炼和培养学生把握知识体系、跳出会计学习和认识会计的习惯,增强其学科之间的关联性、互动性的认识,提高对会计的管理性质、经济性质的认识，培养创新思维的习惯和能力。例如，会计对象为什么是资金运动？资金运动、资金循环、资金周转的关系与特点如何以及如何体现在会计确认、计量、记录和报告的？由此可以延伸和联系政治经济学中有关货币、资本、资本运动、资本循环、资本周转、剩余价值、剩余价值分配以及西方经济学中的价格、均衡价格、价格弹性、供求关系、效用等一系列知识进行深入的探讨，以此认识会计学的经济性质；联系管理学中组织、指挥、协调、控制等职能及供应链管理、生产管理、技术管理、财务管理、人力资源管理、销售管理等内容，认识会计学的管理学性质。

质疑教学法作为启发式教学法的一部分，利用了各种讨论教学法的形式，但其内涵在于质疑及释疑，重在为什么、影响及知识的整合运用，在实施中有可能遇到课时限制、教学习惯、授课准备等方面的阻力。关于课时限制，可以通过抓住教学重点、疑点、难点加以解决，学生可以自学的部分可以在课堂中不涉及，也没有必要花费时间精力做不必要的工作；关于教学习惯，可以通过体会质疑教学法的优点及其效果慢慢培养，讲授式的课堂教学虽然是长期的习惯，但在大学教学中往往事倍功半，应该扭转；关于授课准备，的确需要花费师生的大量精力，但从投入产出关系角度分析，这些投入都是值得的。如何在会计学教学中应用好质疑教学法，还需要我们不断总结、提炼，在实践中不断完善，以期为实现会计学专业培养目标提供一条新的思路和途径。

三、实施会计教育中的人生教育

我在《中国大学教学》2010年第6期发表的《会计学专业教学理念的探讨》一文中提出,"传道、授业、解惑"是教师职业的三大职能,但现实中,我们大多关注"授业",解决了"是什么"甚至"为什么",但对"传道"的实施、做人的教育做得还很不够,未能很好解决会计职业中"德"的问题。这就要求我们在进行会计学教学过程中,贯彻"传道"理念,树立会计职业道德教育意识,结合授课内容有意无意地渗透爱岗敬业、诚实守信、廉洁自律、客观公正等基本职业道德要求,培养学生终身职业教育、终身职业道德教育的意识,捍卫会计职业的神圣、洁净。《会计研究》2013年第4期刊登拙作《论会计教育理念》中进一步指出:"智商高、情商低"是社会对很多大学生的评价,其中的"情商低"很大程度上是"德"的问题,主张通过案例、课程内容进行人生观、价值观、世界观、诚信、清廉等方面的直接和间接教育,主要的德育点如:历史成本与个人成就,公允价值与世界看法,货币资金与人生追求,有价证券与金钱崇拜,存货收发与诚信做人,固定资产与生命价值,无形资产与品德价值,负债的履行与感恩,损益与公平,财务报表的编报与合作等。

2016年11月，北京大学徐凯文副教授在第九届新东方家庭教育高峰论坛上，做了《时代空心病与焦虑经济学》的演讲，他说：有些非常优秀的年轻人，成长过程中没有明显创伤，个人条件优越，却感到内心空洞，感觉不到生命的意义和活着的动力，甚至找不到自己。北大一年级的新生（包括本科生和研究生）中有30.4%的学生厌恶学习或者认为学习没有意义，有40.4%的学生认为活着人生没有意义，现在活着只是按照别人的逻辑这样活下去而已，其中最极端的就是放弃自己。这是否是个别现象？诸多高校出现的本科生、硕士生、博士生甚至教授、博导跳楼，是否暴露出我们的被教育者甚至教育者出现的教育问题？单纯以分数论英雄的应试教育、专业教育是否有些偏颇甚至极端？这是摆在我们面前值得我们深思、再深思的严峻问题。生命是顽强的，也是脆弱的。人生短暂，生命有限，如何度过短暂的人生，让人生展现出应有的风采，迸发出靓丽的火花？这是仅仅靠专业教育、政治思想教育解决不了的问题，而是需要小学、中学、大学持续不断的引导，需要高等教育过程中的不断强化、深化，需要将人生教育融入专业课程之中，形成潜移默化的熏陶、指引。

无论讲《基础会计》《会计理论研究》还是《高级财务会计》等课程，均涉及会计假设、会计目标、会计信息质量要求、会计核算四个环节的内容和问题，也由于长期以来的破产会计研究，使得我的潜意识里隐藏着生命周期的概念，"三句话不离本行"，不自觉地将有关专业知识与生命、生活、循环等联系起来。例如，常规的四个会计假设可以理解为：人的出生形成主体，持续生存，定期过生日或总结工作生活，判断幸福感；会计目标可以理解为：履行对工作、家庭、亲友的职责，言行举止应适时、适当、得体；会计信息质量特征可以理解为：诚实守信，与人为善，言达意明，避免阳奉阴违，不以貌取人，办事分清轻重缓急，未雨绸缪，时间观念；会计等式可以理解为：个人财富与地位来源于合法、合情的努力与付出，做好事、不做坏事才能最大限度提高个人美誉度并提升幸福感。而会计核算的确认、计量、记录、报告等会计循环的思维，可以应用到诸多生活场景，例如，就餐中要明确吃什么（确认）、吃多少（计量）、已经吃了多少（记录）、就餐结束（报告），上街购物中要清楚买什么（确认）、买多少（计量）、已经买了多少（记录）、购物结束（报告），如此等等。

在多年思考及专业课中引入某些人生教育的基础上，我在2015年上半年开设了全校选修课《会计与人生》，探讨了会计面孔与人生身份、会计确认与人生定位、会计计量与职业规划、会计报告与人生幸福、会计逻辑与行为选择、会计信息质量与品德修养、会计学习理念与人生理念等八个主题，在学生中产生了积极、热烈的反响，他们在课程结业的心得中说："在整个课程上完之后，收获很大，不仅是知识上的获取，也是对获取知识方法的了解以及人生各种观念的重新思考。而最重大的收获就是对会计学习理念的践行，重新定义成功的标准""时长半个学期的会计与人生选修课结课了，给我的总体感觉就是这门课挺新奇的，老师把会计学里面的准则、规范、要求换成人生的道理和哲学，把两者都做了另一番解读。""《会计与人生》这门选修课，虽然课时不多，但学过这门课之后，我对人生、道德、会计有了一个全新的认识。""选修课一共有八讲，全面揭示了会计与人生的关系。人生的历程如同一本'账'。在这本

'账'中,深刻地蕴涵着人生'会计等式'、人生'机会成本'、人生'会计报表'等一系列的'账理'。如果从人生的这些'账理'中感悟道德,则道德对于人生价值之厚重,将可大彻大悟。""在选《会计与人生》这门课之前,我对会计知识和人生之间的关系感到疑惑。从我原来的观点看,会计只是一个记账、算账、报账的过程,这个过程日复一日、年复一年且枯燥乏味,能和人生产生什么联系呢?我抱着无限的好奇心选择了这门课,课后发现会计和人生紧密相连,会计的许多规则其实反映了人生的许多道理。""人生如会计,既要统筹规划,又要精打细算;会计如人生,既要探究,又要感悟。""人生的增值需要更多的无形资产:宽容、善良、淡定、友爱、感恩、情感等,物质的资产并不能真正让我们的人生幸福。""戏如人生,人生如戏。从本质上来说,会计也是戏剧。有剧本,长期有规划,年度有预算、决算,核算有准则;有导演,一切都按部就班,遵循着既定的路径执行,得到预期的结果;有舞台,账、证、表,'一亩三分地',会计人用笔尖舞出最美的舞步;有演员,就是会计人自己。剧场之外,他们有着各自不同的人生轨迹;剧场之内,他们只能是兢兢业业、一丝不苟地本色出演。""8周过去了,也许我们的课就这样永远结束了,虽然课堂没有了,但是在生活中还需要我们不断的学习。特别喜欢栾老师的课,能够将一些枯燥的知识与生活、与实例相结合,帮助我们这些非会计专业人士理解。每堂课上,他所谈的人生也对我有着激励的作用,让我受益良多。生活还在继续,望我们越走越好!"如此不一而足。

四、认识会计学的学科性质

教学、科研、社会服务是现代大学的主要职能，某一专业的水平和地位很大程度上取决于其学科水平，某一领域的学科性质和定位直接关系到该学科的理论根基、教学主旨、科研方向、师资队伍建设乃至社会服务内容，关系到以该学科为基础确定的专业培养方案和人才培养方向，关系到学科分类的科学性、合理性以及学科的协调发展。因此，学科是专业的基础，学科的分类性质与其专业的分类性质应该一致，但"会计学"在我国不同的国家标准中却出现了不一致的性质定位。教育部1998年发布的《普通高等学校本科专业目录》（简称《专业目录》）中，将会计学专业列为管理学门类"工商管理"一级学科下的二级学科（编号为110203），在2012年修订后本科专业目录中也是如此，只是编号改为120203K。国家技术监督局1992年11月1日正式发布的《中华人民共和国学科分类与代码国家标准》（简称《学科分类与代码》）以及2009年6月26日国家质量监督检验检疫总局、国家标准化管理委员会通过的《中华人民共和国国家标准批准发布公告2009年第6号（总第146号）》，则将会计学作为经济学门类下的一级学科（编号为79037），下设工业会计学、农业会计学、商业会计学、银行会计学、交通运输会计学、会计学其他学科等二级学科。由此带来的问题是，会计学究竟属于经济学还是管理学？对于会计学不同学科属性的界定，直接关系到会计学的学科发展及完善，带来了会计学的学科性质、理论基础、内涵凝练与外延界定等一系列问题。

（一）学科与专业的关系

《辞海》对"学科"的解释主要有两个角度：一是学术的分类，是指一定科学领域或一门科学的分支，如自然科学中的化学、生物学，社会科学中的历史学、教育学等；二是教学的科目，是按一定逻辑顺序和学生接受能力，组织某一科学领域的知识与技能而构成的课程，如中学的物理、化学，高等学校的普通心理学、儿童心理学等。"专业"在《辞海》中有三层含义：一是高等学校或中等专业学校根据社会分工的需要设立的学业类别，各专业教学计划体现本专业培养目标和要求；二是产业部门中根据产品生产的不同过程而分成的各业务部分，如专业分工、专业生产；三是专门从事的某项职业，如养猪专业户、专业文艺工作者等。人们对学科与专业的认识，随着知识积累、更新及相关环境的变化而变化，但学科与专业并非同一概念。相对专业而言，学科具有以下主要特征。

1. 学科是学术分类

学科是随着科学技术的创新、发展而不断演进的。欧洲文艺复兴后，开始了自然科学的演进发展，从哲学中分化出自然科学和社会科学，单一科学分化成不同的科学分类，具有独立或独特的研究对象，这是科学进一步分化、演进的结果。而专业作为学业类别，融合了诸多学科的相关知识，来源于社会需求和社会分工，服务于专门职业的需要，需要配合培养目标设计相关知识结构，交叉学科、边缘学科的形成后，出现了生物科学、材料物理、网络工程等交叉学科的工科专业，并设置了信息资源管理、国际商务、资产评估等管理专业。

2. 学科发展变化主要是科技进步的结果

科学技术的发展，开启了学科分化、深化的历程，出现了与之相联系的计算机科学，分离出计算机工程、计算机软件、人工智能等学科，宇宙学的发展带动了天体物理学、天体测量学、宇宙化学、天体演化学等学科的出现，环境学的发展催生了生态经济学、资源经济学、环境经济学、可持续发展经济学等学科。而专业设置除了受到科技发展的影响外，更重要的是受到政治、经济、法律、教育、文化、人口等多重因素的影响。

3. 学科是专业设置的基础

19世纪初，科学研究进入大学，大学中的学科承担着教学与科研两项职能。我国教育部1952年颁布的《教育部关于全国农学院院长会议的报告》，首次提出了"专业设置"，要求各高校按照社会的具体需要并结合前苏联学校专业设置的经验设置专业，1963年正式发布了高等院校专业目录，后经过1987年、1993年、1998年以及2012年四次调整，每一次调整都体现了当时的社会需要。

学科规定了相关研究对象或领域的知识体系,是专业设置的依托,也是支撑专业的基石,甚至是某些大学设置的依据,如农学院、医学院、艺术学院等。学科的发展需要相关研究人员的不懈努力和创新,高校的学科建设立足于博士点、硕士点平台,更取决于师资队伍的科研水平,学科建设的创新成果应用于教学,是对专业建设的支持、支撑,没有学科支撑的专业,将失去发展根基;没有专业实施的学科,将被削弱创新空间。科研与教学的相互促进、协调发展,推动了高等院校的进步和升级,提升了学生的培养能力。

(二)会计学的学科性质:经济学

1997年前,会计学的学科目录与专业目录是一致的,均在"经济学"门类之下。1997年国务院学位办颁布的《授予博士、硕士学位和培养研究生的学科、专业目录》中,新设了第12个学科门类"管理学",下设"管理科学与工程""工商管理""农林经济与管理""公共管理""图书馆、情报与档案"五个一级学科,"工商管理"下设"会计学""企业管理(含财务管理、市场营销、人力资源管理)""旅游管理""技术经济及管理"四个二级学科。教育部1998年发布的《普通高等学校本科专业目录》中,首次设置"管理学"门类,设置"工商管理类"一级学科,下设"工商管理""市场营销""会计学""财务管理""人力资源管理""旅游管理"六个二级学科,由此形成了会计学在《学科分类与代码》中列经济学、在专业目录中列管理学的格局。

1. 会计学的内涵

关于会计的概念，美国会计学会在1996年给出的定义是："会计是提供鉴定、计量和传送经济信息的一项服务，借以使信息使用者能够据以制定经济决策。"一般会计教材中的会计概念也基本以此为基础，只是表述方式有所不同，并将会计学分为财务会计与管理会计两大分支。会计的内涵在于提供相关经济信息，包括盈利组织会计、非营利组织会计、政府会计等诸多领域。

2. 会计学学科属性的经济学性质

从学科内涵角度出发，我们认为，会计学的学科属性是经济学。

（1）会计学的对象属于经济学范畴。《学科分类与代码》提出的学科分类原则是："根据学科研究对象客观的、本质的属性和主要特征及其之间的相关联系，划分不同的从属关系和并列次序，组成一个有序的学科分类体系。"在学科分类依据中明确："本标准依据学科研究对象，研究特征、研究方法，学科的派生来源，研究目的、目标等五方面进行划分。"可见，学科的研究对象决定了学科的性质及其分类性质，在学科属性的认定中具有极为重要、关键的作用。目前比较公认的会计对象是资金运动，资金运动引起的资金循环、资金周转以及资金运动分离出的会计要素和会计等式，均属于经济学范畴，具有明显的经济学性质。

（2）财务会计理论框架来源于经济学。如果会计学对象属于经济学的分析主要源于政治经济学，那么财务会计理论框架则主要来源于西方经济学。以会计目标、会计要素、确认、计量、报告为核心的财务会计理论框架，从会计目标的确定到满足会计目标的会计报告，形成了一个完整、系统、逻辑严密的闭路循环，如何满足会计信息使用者的需求、实现会计目标，是这一理论框架的设计宗旨。会计信息也是一种有限、稀缺的资源，如何合理、有效地配置这一资源，提高其利用效率，是会计理论研究的重要使命之一。按照经济学的一般原理，价格是调节市场的重要手段，是市场经济运行的灵魂，供求关系是价格形成的重要机制。会计要素的确认、计量服务于披露会计信息的会计报告，会计报告服务于会计目标、服务于满足会计信息使用者的需要，同样是供求关系使然，实现会计信息供求平衡、帕累托最优是会计理论框架的基本目标。

（3）《辞海》对"经济信息"的解释是："反映经济活动特征及其发展变化情况的各种消息、情报、资料等的统称。例如有关生产、销售、市场、价格、信贷等信息"。从原始凭证进入会计系统，到账簿登记、财产清查、成本计算、编报财务会计报告，是一系列会计信息的生成过程，交易事项的初次确认与再确认、初始计量与后续计量、对内报告与对外报告，集中体现了财务状况（现金流量）、经营成果及其变动情况，展示了流动资产与非流动资产、流动负债与非流动负债、资本投入与资本积累等资源配置状况，反映了营业利润、利润总额、净利润、综合收益及其与相关资产、收入比较体现的资源利用效率。而围绕"经济利益"定义会计要素并进行会计确认、计量、报告，更是会计信息的经济学属性的有力证明。

（4）会计信息是资源配置的镜子。资源即资财的源泉，可分为社会资源、物资资源、人力资源和生态资源等方面，这里的资源是指反映经济资源的物资资源。优化资源配置是经济学的重要使命。会计信息的资源配置镜子，一是反映了资源配置状况。资源配置状况一方面是资源存在形态的分布；另一方面是资源来源的配置。资产、负债、所有者权益三个会计要素配置状况的反映，也是通过分类、确认、计量、报告等环节实现的。二是反映了资源配置过程。资源的配置状况源于各项资产的实物或价值的流动，资源的配置来源表现为负债和所有者权益的变动，所有这些运动又是通过各项交易、事项完成的，每一交易、事项又必须有特定的记录其内容、时间、地点、责任人等原始凭证，按照有关规则、经过职业判断，根据原始凭证编制记账凭证，将一般的经济数据转换为会计语言，再据以登记入账、编制会计报告，反映出具体的资源配置状况。三是反映了资源配置效率。效益是效率的体现，是所费与所得的对比关系，资源占用、耗费的减少以及收入的增加，都将提高资源的利用效益，是衡量和评价资源利用效率的重要指标之一。

（5）会计信息是宏观经济运行的指针。有资料统计，人们从事经济管理活动所需要的经济信息，70%来源于会计信息（牟淑萍，2002）。会计信息不仅有助于微观经济决策，也是宏观经济运行状况的重要参考，主要表现为奠定经济运行基础、反映经济运行需求、评价经济运行效率、规范经济运行秩序、促进经济繁荣稳定等方面。不难看出，这一分析主要是基于财务会计。那么作为会计学另一大分支的管理会计是否像有些学者提出的，属于管理学呢？为此需要审视一下管理会计的对象是否与财务会计一致或相近，两者如果一致或相近，则可以确定管理会计的学科属性也属于经济学。

经济学作为研究稀缺资源的有效利用的科学，其目的在于实现资源的有效配置、提高社会生产率，主要职能是引导资源配置、促进经济发展、提供资源配置效率；管理学是系统研究管理活动的基本规律和一般方法的科学，目的是通过合理的组织和配置人、财、物等因素，提高生产力水平，主要职能是对企业经济活动的决策、计划、组织、协调、领导与控制。无论是财务会计还是管理会计，都是关于资源配置状况、配置效率方面的经济信息，而不是管理信息，因而不应划入管理学。

此外，会计学产生和发展的背景在于经济资源的稀缺性，其研究目的和视角在于提高资源利用效率，研究方法主要是解析主义（会计等式、记账规则、债权债务等）、演绎法（财务会计理论、管理会计理论等），基于具有机会主义倾向的"经济人"假设。无论是会计学研究对象、研究目的、研究视角，还是研究方法，均来源于经济学、隶属于经济学。

3.会计学并入管理学的考察

1978年清华大学成立了经济管理系，1980年前后上海16所高校设置了管理类专业。1981年，在钱学森、华罗庚、周培源、苏步青等24位学部委员的推动下，在中国科学院增设了管理科学组，并由钱三强副院长兼任组长，1984年《高等学校工科本科专业目录》中也出现了管理工程类。1986年科学院科学基金正式升格为国家自然科学基金，设立了管理科学组，管理科学与工程学科群的力量快速发展，并将其研究范围延伸至工商管理领域。1990年清华大学、中国人民大学、南开大学、西安交通大学、哈尔滨工业大学等高校获批MBA学位项目，1996年授予工商管理学科硕士学位1924人，位居人文学科、社会科学中一级学科首位，管理学受到了越来越高的重视，在钱学森等诸多顶尖管理学专家持续不断地呼吁和公关下，于1997年正式作为我国第12个学科门类登场，会计学作为工商管理的重要组成部分，也由原来的经济学划归管理学。

我国将会计学由经济学划入管理学的主要依据是西方国家的惯例。美国1916年创立的国际商学院促进协会（AACSB）于1919年颁布了商学认证标准，将会计学纳入工商管理，设置会计学、会计师、审计、会计与金融、会计与商业管理等专业，1980年颁布了会计学项目标准，是全球顶级的商学院和会计项目非政府认证机构，其认证主要标准包括商业伦理观念、运用定性定量方法分析解决实际问题的能力、国际视野、批判性思维、沟通和团队合作能力、会计信息处理和会计决策能力等方面。不难看出，将会计学纳入商学院的工商管理，主要出于商学（Business）教育的需要，会计学作为应用商业经济学的一部分，涉及经济学以及组织学理论、数学、统计学、技术和法律等知识，与应用商业经济学所有的其他实际的管理领域相比较，会计学与经济学有着最为紧密的联系。《AACSB认证程序和认证标准》明确提到："其中25%或者更多的教学与传统商业科目相关的学士学位课程，或者其中50%或更多的教学与传统商业科目相关的研究生课程被视为商业学位课程。"工商管理教育离不开会计，同样离不开经济学乃至现在的信息技术，也涉及人文、历史、哲学、政治、法律等学科,那为什么不将经济学、信息科学等也纳入工商管理呢?工商管理只是盈利组织的管理,不能涵盖政府及非营利组织,其纳入的会计学也只是盈利组织会计,而会计学除了盈利组织会计,还包括政府会计与非营利组织会计,其覆盖范围远大于企业组织。有鉴于此,将会计学纳入工商管理无异于将酒桶装入酒杯,应该还会计学于经济学,恢复会计学在学科属性上的本来面目。

(三)会计学回归经济学科的影响

明确会计学学科的经济学性质,不仅仅是会计学学科身份的认定,更关系到会计学的学术发展,关系到会计学基本理论的走向乃至会计学理论体系的架构,将产生深远的学术影响。

1. 以经济学思维,构建会计学思维

经济学既然是研究稀缺资源有效配置的科学,那么人们的经济活动就是一种选择行为,也是一种选择结果。经济学中资源稀缺、理性经济人等前提,造就了机会成本、供求分析、均衡分析、边际收益、产权保护、收益分配等思维方式。实际上,这些思维方式已经并将继续对会计思维产生深刻影响。经济学中的资本运动构成了会计学对象,资本形态的并存性与继起性、收入与支出对应、资本运动与物质运动对立统一、价值增值、资本竞争等规律,深刻影响着会计理论;供求关系理论引领了会计目标理论,均衡价格、公允价值推动了会计计量的发展，资源配置及效率理论指引了财务会计报表的设计及框架，而会计信息则直接构成了经济信息的重要组成部分。

2. 以经济学为基础，构建会计学基础理论

经济学研究离不开相关环境约束，会计学研究也是如此，经济、政治、法律、科技等环境对会计学研究的影响有目共睹。从会计基础理论中我们不难看出，将会计假设与经济周期结合研究，可以更清晰、完整地体现和认识会计主体、持续经营、会计分期的内涵及其适用性；将会计目标与供求关系结合研究，可以更深入理解财务会计概念框架以及会计目标演进的基本规律；将会计对象与资本周转结合研究，可以更深入地揭示财务会计报告的内涵，把握资产结构、资本结构及其与会计要素的内在关系，理解会计要素在生产、交换、分配、消费中的积极作用；将会计要素与生产要素结合研究，可以更清晰地理解会计与经济的交融性、会计行为与经济运行状况的内在关系。而围绕经济利益的会计确认、公允价值的会计计量，更直接印证了经济学对会计理论的重要作用和贡献。

3. 依据经济学学科理论，进行会计研究及工作

近些年我们对政治经济学的误解和忽视，造成了我们会计研究及会计教育的损失。其实，政治经济学不是政治，而是经济学，是涉及政治、影响政治的经济学，《资本论》第二卷主要揭示了再生产过程的规律性，其中有关资本循环、资本周转的理论，实际是对会计对象"资本运动"的细化、深化，对会计研究具有重要的基础性指导意义。西方经济学作为市场经济背景的经济学，其中的公允价值、供求理论、均衡理论、边际理论、资源稀缺理论、理性经济人理论等对会计研究的支撑作用不言而喻，而机会成本、变动成本、固定成本、沉没成本等概念直接引入了会计研究及会计实务。货币银行学、财政学中有关货币供给与需求、利率、汇率、资本市场、外汇市场、保险市场等基本内容，也是会计研究的基本环境和依据，而货币时间价值、市场风险等理论和方法则直接构成了会计理论的重要组成部分。制度经济学作为研究制度对经济行为和经济发展影响的经济学分支，对研究会计制度、会计准则制定和实施也有着指导性。

4. 经济学是会计学的基本理论来源，会计学是经济学的数据分析来源

会计假设、目标、要素、确认、计量、报告等基本理论主要源于经济学，而经济学的数据论证则主要源于会计学和会计信息，有关商品、价值、货币、资本、供求、价格等资本的量化，固定成本、变动成本、边际成本、边际效益、机会成本、沉没成本等成本计量，市盈率、市净率、盈利能力、偿债能力、发展能力、现金流等市场分析数据，无不求助于会计信息。可见，会计学与经济学具有相互支撑、相互支持、相互协调的内在关系，而这种天然的"血缘关系"来源于资源稀缺的"基因"，如果资源是无限的，既不需要经济学也不需要会计学。

5. 围绕经济学的核心理念，深化会计专业改革

明确会计学的经济学学科属性，是会计学学科属性的回归，并不影响会计学专业的管理学性质，但在会计学专业培养方案中应更加注重经济学的支撑作用，除了西方经济学相关课程外，还应保持或恢复《政治经济学》课程的完整性，尤其注重商品、货币、资本、资本循环、资本周转、剩余价值、积累与消费、简单再生产与扩大再生产等内容的讲授，注重会计专业课程教学中对经济学理论、思维及方法的引入，以便体现会计学作为经济学应用学科的性质，体现与经济学基础学科和其他应用学科的联系，深化学生对会计学学科性质、工作性质的理解，避免"就会计论会计""研究会计无会计"改善和优化会计学专业的思维方式，推动会计理论研究的发展。

6. 根据会计学的经济学属性，将会计学专业由管理学回归至经济学

虽然专业是学业类别，源于社会需求和社会分工，也融合了诸多学科的相关知识，但毕竟要依托于某个学科内核，会计学既然属于经济学性质，其内核也是经济学，将会计学专业由管理学调回至经济学，既实现了其学科与专业的统一，也体现了会计学的本质。教育部2012年发布的《普通高等学校本科专业设置管理规定》中明确，《专业目录》中涉及国家安全、特殊行业等专业由国家控制布点，称为国家控制布点专业，在专业代码后加"K"表示，会计学专业即属于此类，列为"120203K"，说明会计学专业也涉及国家安全、特殊行业问题，而不仅仅是工商管理的微观问题。《学科分类与代码》将会计学列为经济学科,是因为会计学是相对独立的知识体系,这些知识体系属于经济学范畴。我们仔细对照《学科分类与代码》与教育部《专业目录》发现,绝大部分学科分类与其专业分类是吻合的,说明学科对专业的基础性作用,只有会计学等少数学科发生了学科与专业的"错位"。《专业目录》中,经济学门类下设置"经济学类""财政学类""金融学类""经济与贸易类"四个一级学科,如果将会计学专业回归至经济学门类,可以设置第五个经济学的一级学科"会计学",下设"企业会计""政府与非营利组织会计"等二级学科,或在"经济与贸易类"学科下设置"会计学"二级学科。可能有人说,会计学属于微观范畴,经济学属于宏观范畴,将会计学划入经济学有悖于会计学的能力。其实,会计学既有微观层面,也有宏观功能,如国民经济核算体系、社会会计等属于宏观范畴;经济学中的货币银行学、保险学也有微观层面,宏观与微观本来就是相对而立、互为支撑。当然,会计学的经济学属性,并非否定会计工作的管理功能,经济学与管理学也在相互学习、相互借鉴、相互渗透,只是立足点、侧重点有所不同。

会计学学科质的界定是一个比较复杂的问题,既是理论问题也是实务问题、学科建设问题,对于会计学的学科发展、专业建设、人才培养、功能作用等具有深刻、深远的影响,是我们会计教育工作者不得不面对和思考的一个重要问题。

附录

一、学习简历

时间	学校	学历
1968.3~1973.1	黑龙江省宝清县七星泡公社永胜学校	小学
1973.3~1975.7	黑龙江省宝清县七星泡公社永胜学校	初中
1975.9~1976.7	黑龙江省宝清县七星泡公社中学	高一
1976.9~1977.7	黑龙江省宝清县五七公社中学	高二
1978.2~1982.1	黑龙江八一农垦大学农经系国营农场财务与会计专业	本科
1983.2~1984.1	中国人民大学财政系会计学专业	进修
1984.9~1987.7	东北财经大学会计系会计学专业	硕士
2000.9~2003.7	天津财经大学会计系会计学专业	博士

二、工作经历

时间	单位	职务
1982.1~1994.12	黑龙江八一农垦大学农经系	助教、讲师（1987年）、副教授（1991年）、系副主任（1992~1994年）
1994.12~1999.8	天津商学院会计系	系副主任、主任（1994~1999年）、教授（1996年）
1999.8~2006.10	北京工业大学经管学院会计系	系主任、教授
2006.10~现在	首都经济贸易大学会计学院	教授

三、主要科研成果目录

1. 主要论文

序号	题目	作者	刊物	时间
1	企业破产审计初探	栾甫贵	大连财会	1986.10
2	企业破产会计管理刍议	栾甫贵 范淑华	大连财会	1987.3
3	遗产会计探讨	栾甫贵 周华	会计研究	1998.10
4	企业破产会计核算探索	栾甫贵	财务与会计	1988.11
5	破产企业清算财产估价初论	栾甫贵	会计研究	1989.1
6	企业破产债权的界定	栾甫贵	会计研究	1989.6
7	论企业破产风险	栾甫贵	四川会计	1989.1
8	企业破产预算报表的编制	栾甫贵	财会研究	1990.1
9	破产企业剩余财产分配	栾甫贵	广东财会	1990.6
10	遗产会计管理初论	栾甫贵	四川会计	1991.4
11	论企业破产会计的理论结构	栾甫贵	会计研究	1996.4
12	关于《清算》准则几个问题的探讨	栾甫贵	会计研究	1996.9
13	论企业破产财务管理的理论结构	栾甫贵	中国农业会计	1996.10
14	企业破产审计刍议	栾甫贵	财会通讯	1997.12
15	试论破产会计的中国特色	栾甫贵	中国农业会计	2001.3
16	我国破产会计研究评述	栾甫贵	北京工业大学学报（社科版）	2001.2

续表

序号	题目	作者	刊物	时间
17	企业拯救会计初探	栾甫贵	现代财经	2002.3
18	破产企业治理结构与破产会计信息质量监控	栾甫贵	会计研究	2005.2
19	关于企业拯救会计及其理论框架的探讨	栾甫贵	北京工业大学学报（社科版）	2006.1
20	企业拯救会计理论基础探析	栾甫贵	中国农业会计	2006.5
21	破产会计改革新探	栾甫贵	财会学习	2006.10
22	新破产法与破产会计	栾甫贵	财会学习	2007.7
23	论新会计准则中的财务理念	栾甫贵	会计研究	2008.2
24	论破产企业财务控制框架	栾甫贵	财政研究	2008.2
25	论破产重整财务控制的基本导向与目标	栾甫贵 李芸	会计之友	2008.5
26	中外合资经营企业会计制度的历史贡献及其启示	栾甫贵	审计与经济研究	2008.6
27	企业破产重整价值评估探讨	栾甫贵	审计与经济研究	2009.4
28	管理人制度对CPA的影响	栾甫贵	会计之友	2009.6
29	关于优化破产重整企业治理结构的探讨	栾甫贵 李曼	财会学习	2010.3
30	论破产清算企业的内部控制	栾甫贵	会计研究	2010.3
31	企业破产重整价值评估的环境约束及其理论框架	栾甫贵 张丽群	商业会计	2010.6
32	企业破产重整价值评估案例分析	栾甫贵 李佳	中国农业会计	2010.7
33	我国破产会计研究的回顾与评价	栾甫贵	会计研究	2011.4
34	企业破产重组收益的性质及确认	栾甫贵 张建军	审计与经济研究	2011.6
35	关于破产清算内部控制体系的探讨	栾甫贵	财务与会计	2012.1
36	破产清算会计核算的完善	栾甫贵	财会学习	2012.3
37	破产清算企业治理结构探讨	栾甫贵	财会通讯	2012.8

续表

序号	题目	作者	刊物	时间
38	国有企业破产清算内部控制的风险预警研究	栾甫贵 张建军 袁帅	经济与管理研究	2012.11
39	论会计教育理念	栾甫贵	会计研究	2013.4
40	关于《清算》会计准则的探讨	栾甫贵	财会学习	2014.1
41	论企业破产退出的财务利益冲突及其协调	栾甫贵	会计之友	2015.11
42	新旧企业破产会计制度的比较与评价	栾甫贵	会计之友	2016.22
43	长航凤凰破产重整的案例分析及启示	栾甫贵 赵雨彤	财务与会计	2017.9
44	僵尸企业的文献回顾与评价	栾甫贵 李方玉	会计之友	2017.14
45	上市公司破产重整价值判断体系的探讨	栾甫贵 侯晶	北京工业大学学报（社科）	2017.8
46	我国钢铁业僵尸企业的识别与退出路径选择	栾甫贵 赵磊蕾	财会月刊	2017.7
47	会计教育内涵的拓展	栾甫贵	会计研究	2017.12
48	中美破产清算会计制度比较及启示	栾甫贵 朱绮娴	财会通讯	2018.4
49	僵尸企业僵尸指数的构建及应用研究	栾甫贵 刘梅	经济与管理研究	2018.6
50	僵尸化中核钛白退出路径的分析及启示	栾甫贵 张敏	财务与会计	2018.7
51	企业研发能否抑制新的僵尸企业形成	栾甫贵 汤佳颖	财会月刊	2018.10
52	中国企业破产会计制度的演进及启示	栾甫贵 黄烨华	财会月刊	2018.11
53	论会计学的学科性质	栾甫贵	会计研究	2019.3

2. 主要著作

序号	题目	作者	出版社	出版时间
1	破产会计管理	邓延芳，栾甫贵	东北财经大学出版社	1990.6
2	企业破产财务管理	栾甫贵，贾华章，杜筱进	科学普及出版社	1992.4
3	企业清算财务管理	栾甫贵	经济科学出版社	1996.1
4	企业破产与清算实务	栾甫贵	东北财经大学出版社	1998.5
5	会计大典——成本会计	欧阳清，黄金琳，杨雄胜，栾甫贵	中国财政经济出版社	1999.5
6	会计制度论	栾甫贵	东北财经大学出版社	2004.4
7	企业破产重整价值评估研究	栾甫贵等	立信会计出版社	2011.11
8	破产会计与内部控制研究	栾甫贵	中国财政经济出版社	2012.1
9	论企业破产清算的内部控制	栾甫贵等	首都经济贸易大学出版社	2014.8

3. 主要教材

序号	题目	性质	出版社	出版时间
1	农业会计学	独著	东北财经大学出版社	1995.8
2	会计学基础	主编	北京工业大学出版社	2000.1
3	会计学	主编	机械工业出版社	2002.2
4	农业会计学	独著	东北财经大学出版社	2001.5
5	基础会计	主编	机械工业出版社	2004.1

续表

序号	题目	性质	出版社	出版时间
6	村集体经济组织会计制度讲解与操作	独著	东北财经大学出版社	2005.4
7	高级财务会计	主编	上海人民出版社	2008.7
8	高级财务会计	主编	首都经济贸易大学出版社	2017.10

四、主要获奖

序号	获奖名称	题目	获奖等级	排名	获奖时间	授奖单位
1	优秀论文奖	企业破产审计诸问题研究	一	1/1	1987.5	辽宁省审计学会
2	校优质课教师奖			1/1	1988.9	黑龙江八一农垦大学
3	优秀论文奖	企业破产会计核算探索	二	1/1	1989.1	黑龙江八一农垦大学
4	省优秀教学成果奖	会计实验室理论与实践研究	一	1/3	1991.11	黑龙江省政府
5	优秀论文奖	试论企业偿债能力的测定	优秀	1/1	1992.1	中国中青年财务成本研究会
6	优秀论文奖	多重资金结构论	三	1/1	1992.8	中国中青年财务成本研究会
7	1988~1993年科研积极分子				1993.8	中国中青年财务成本研究会
8	全国第二届中青年财会论著"兴华杯"优秀科研成果奖	破产会计管理	二	2/2	1993.8	中国中青年财务成本研究会
9	有突出贡献的科学、技术、管理专家	教学科研的创新性		1/1	1997.10	国内贸易部

续表

序号	获奖名称	题目	获奖等级	排名	获奖时间	授奖单位
10	1996年度中国会计学会优秀论文奖	论破产会计的理论结构	三	1/1	1998.3	中国会计学会
11	优秀论文奖	论破产会计的理论结构	三	1/1	1998.7	中国中青年财务成本研究会
12	1997~1998学年度教学质量优秀奖			1/1	1999.3	天津商学院
13	1998年度中国会计学优秀论文奖	面向21世纪:建立会计课程新体系	二	2/4	1999.7	中国会计学会(第二作者)
14	2001年度中国会计学优秀论文奖	我国破产会计研究评述	三	1/1	2002.5	中国会计学会
15	2002年度中国会计学优秀论文奖	中国市场经济环境下的破产会计研究	三	1/1	2003.8	中国会计学会
16	中洲光华杯学术创新奖	破产会计研究		1/1	2004.8	中国会计学会财务成本分会
17	2003年度中国会计学优秀论文	论会计制度的哲学基础	三	1/1	2004.8	中国会计学会
18	2005年度中国会计学优秀论文	我国会计制度变迁的路径分析	三	1/1	2006.6	中国会计学会

五、指导毕业的博士生、硕士生名录

序号	姓名	专业	毕业学校	毕业时间	论文题目	类别
1	李方玉	会计学	首都经济贸易大学	2019.7	僵尸企业的僵化指数及处置机制研究	博士
2	曾琦	会计学	首都经济贸易大学	2020.7	会计师事务所合伙人晋升机制对审计质量的影响研究	博士
3	高艳青	国际贸易	北京工业大学	2005.7	制药企业财务风险分析与防范问题研究	硕士
4	王卉	管理科学与工程	北京工业大学	2005.7	高等院校财务控制系统分析	硕士
5	杨志慧	管理科学与工程	北京工业大学	2005.7	战略成本管理方法体系研究	硕士
6	王燕霞	管理科学与工程	北京工业大学	2006.7	信贷配给与中小企业融资缺口及其对策研究	硕士
7	李沫	管理科学与工程	北京工业大学	2006.7	基于心理分析的企业中层管理者激励体系研究	硕士
8	聂祝林	管理科学与工程	北京工业大学	2006.7	我国电子业短期偿债能力评价研究	硕士
9	周慧琳	管理科学与工程	北京工业大学	2006.7	我国医药行业上市公司资产结构优化问题研究	硕士
10	张蓓	管理科学与工程	北京工业大学	2006.7	房地产企业投资决策研究	硕士
11	王新光	企业管理	北京工业大学	2007.7	破产重整企业价值评估方法体系研究	硕士

续表

序号	姓名	专业	毕业学校	毕业时间	论文题目	类别
12	李放之	企业管理	北京工业大学	2007.7	商业信托理财的概念框架研究	硕士
13	贾磊	企业管理	北京工业大学	2007.7	SAP环境下企业集团成本管理模式研究	硕士
14	李芸	企业管理	北京工业大学	2008.7	我国破产重整财务控制研究	硕士
15	李娜	企业管理	北京工业大学	2008.7	基于生命周期的设备成本控制研究	硕士
16	郝雪莲	企业管理	北京工业大学	2008.7	国有企业经济责任审计评价研究	硕士
17	李曼	会计学	首都经济贸易大学	2010.7	破产重整企业治理结构研究	硕士
18	李佳	会计学	首都经济贸易大学	2010.7	企业破产重整价值评估方法研究	硕士
19	张丽群	会计学	首都经济贸易大学	2010.7	企业破产重整价值评估理论框架研究	硕士
20	朱元靖	会计学	首都经济贸易大学	2011.7	破产清算会计信息披露问题研究	硕士
21	冯宁	会计学	首都经济贸易大学	2011.7	我国财务困境公司脱困策略研究	硕士
22	崔议文	会计学	首都经济贸易大学	2011.7	ST上市公司会计信息质量的价值相关性研究	硕士
23	袁帅	会计学	首都经济贸易大学	2012.7	国有企业破产清算内部控制与风险预警机制研究	硕士
24	闫佳佳	会计学	首都经济贸易大学	2012.7	国有企业破产清算的内部控制理论框架研究	硕士
25	王欣然	会计学	首都经济贸易大学	2012.7	国有企业破产清算内部控制的问题和对策建议	硕士
26	唐芳芳	会计学	首都经济贸易大学	2012.7	成本粘性与分析师预测准确性的实证研究	硕士

续表

序号	姓名	专业	毕业学校	毕业时间	论文题目	类别
27	王永欣	会计学	首都经济贸易大学	2013.7	企业破产清算的治理结构研究	硕士
28	刘婧	会计学	首都经济贸易大学	2013.7	企业破产清算控制活动研究	硕士
29	李燕	会计学	首都经济贸易大学	2013.7	企业破产清算信息沟通研究	硕士
30	杨广宇	会计学	首都经济贸易大学	2014.7	上市公司破产重整绩效评价研究	学硕
31	王川	会计学	首都经济贸易大学	2014.7	中期票据融资率与国有企业价值的相关性研究	学硕
32	李坤	会计学	首都经济贸易大学	2014.7	破产清算中债权人的债权管理研究	学硕
33	管丽娜	会计学	首都经济贸易大学	2014.7	A医药连锁零售企业内部控制案例分析	专硕
34	高阳	会计学	黑龙江八一农垦大学	2014.7	公允价值计量与市场波动相关性研究	学硕
35	谢天	会计学	黑龙江八一农垦大学	2015.7	国有农场种植业产品成本控制问题研究——以A农场为例	专硕
36	赵建中	会计学	首都经济贸易大学	2015.7	上市公司重大资产重组绩效研究	学硕
37	欧芷伊	会计学	首都经济贸易大学	2015.7	资产减值对上市公司过度投资行为的影响研究	学硕
38	张子康	会计学	首都经济贸易大学	2015.7	我国租赁会计准则的确认和计量问题研究	学硕
39	刘丽	会计学	首都经济贸易大学	2015.7	A房地产信托项目财务风险控制研究	专硕
40	范晶晶	会计学	首都经济贸易大学	2016.7	破产清算企业会计信息披露的优化研究	学硕

续表

序号	姓名	专业	毕业学校	毕业时间	论文题目	类别
41	刘晶潇	会计学	首都经济贸易大学	2016.7	企业破产退出的财务利益冲突研究	学硕
42	孙江媛	会计学	首都经济贸易大学	2016.7	财务困境企业出路选择的外溢效应及其应对研究	专硕
43	侯晶	会计学	首都经济贸易大学	2017.7	我国上市公司破产重整价值判断体系研究	学硕
44	王一冉	会计学	首都经济贸易大学	2017.7	我国上市公司破产重整价值判断机制研究	学硕
45	马青	会计学	首都经济贸易大学	2017.7	上市公司重整价值判断后果的案例研究	专硕
46	原昭	会计学	首都经济贸易大学	2017.7	上市公司破产重整价值判断方法的案例研究	专硕
47	赵密密	会计学	首都经济贸易大学	2017.7	上市公司破产重整模式选择的案例分析	专硕
48	袁文茜	会计学	首都经济贸易大学	2018.7	过度投资与僵尸企业的相关性研究	学硕
49	刘羽婷	会计学	首都经济贸易大学	2018.7	"输血率"、对外担保程度与企业僵尸化的关系研究	学硕
50	刘梅	会计学	首都经济贸易大学	2018.7	僵尸企业僵尸指数的构建及应用研究	学硕
51	臧雪颖	会计学	首都经济贸易大学	2018.7	基于承租方的融资租赁会税差异及纳税筹划研究	专硕
52	赵雨彤	会计学	首都经济贸易大学	2018.7	我国航运业僵尸企业的界定及破产重整案例研究	专硕
53	赵磊蕾	会计学	首都经济贸易大学	2018.7	我国钢铁业僵尸企业认定及退出路径研究	专硕
54	黄烨华	会计学	首都经济贸易大学	2019.7	政府补助、创新能力与"僵尸企业"——基于我国沪深两市A股上市公司2010—2017年数据的实证分析	学硕

续表

序号	姓名	专业	毕业学校	毕业时间	论文题目	类别
55	马勤勤	会计学	首都经济贸易大学	2019.7	政治关联、政府补助与僵尸企业绩效	学硕
56	汤佳颖	会计学	首都经济贸易大学	2019.7	金属矿产行业企业研发与企业僵尸化的相关性研究	学硕
57	耿飒	会计学	首都经济贸易大学	2019.7	僵尸企业拯救方式的选择研究——以亚星化学为例	专硕
58	张敏	会计学	首都经济贸易大学	2019.7	僵尸企业退出路径的选择研究——以中核钛白为例	专硕
59	雷光平	会计学	首都经济贸易大学	2019.7	京医通资金结算风险控制研究——基于北京市公立医院的问卷调查	单考生
60	刘悦	会计学	首都经济贸易大学	2020.7	企业债务来源结构与僵尸化的相关性研究	学硕
61	聂文锦	会计学	首都经济贸易大学	2020.7	社会责任披露与企业僵尸化的相关性研究	学硕
62	程可	会计学	首都经济贸易大学	2020.7	企业投资业务的内部控制研究——以A公司为例	专硕
63	李璨	会计学	首都经济贸易大学	2020.7	A商业银行信用风险控制研究——基于COSO-ERM框架视角	专硕
64	姚玉琪	会计学	首都经济贸易大学	2020.7	中宠股份外汇风险管理研究	专硕

六、学生评价

（一）学生采访报道

热爱教育工作——敬业而后爱岗，方知"此心安处是吾乡"

1982年1月本科毕业后，栾老师留校任教。在当时计划经济的大环境中，留校任教是服从分配的结果，栾老师说从来没有想过当老师，更没有想过当大学老师，但既然是组织安排了这一工作，也只好"随遇而安"，做好本职工作是首要任务，"先敬业、后爱岗"，逐渐喜欢上了会计教学工作，成为"喜欢上课"一族。"问渠哪得清如许？为有源头活水来"，从课堂教学、讨论中的思维碰撞不断获得更多灵感，进而对相关课程内容产生更多的思考和理解。

在栾老师的会计教育理念中，不是将学生培养成为一名"会记账"的账房先生，而是培养学生用人生经验领会和运用会计知识，能够用会计思想诠释和指导人生。在实际的课堂教学中，栾老师也始终在践行这一理念，强化发散思维、补充形象思维、注重质疑思维、锻炼系统思维、梳理环境思维、嵌入动态思维、融入育人思维、寻求合作思维、巩固原理思维。在栾老师的课堂中，会计教育不仅是专业技能的培训，更多的是生命教育，将积极的人生观、世界观和价值观引入专业教学之中。掌握会计中的人生哲理、人生中的会计思维，更有助于实现我们的人生价值、成为"人生价值最大化的会计人才"。

他是学生眼中的男神，扎根三尺讲台、专心工作，教书育人，乐在其中，正所谓"试问岭南应不好，却道，此心安处是吾乡"。

潜心专业研究——仰之弥高、钻之弥坚，坚持初心方得始终

"栾破产"——是业界对栾甫贵教授研究方向和研究领域的注解。这一研究方向源于其1987年硕士毕业论文《破产会计管理研究》，经过30多年的不懈努力，形成了破产会计、破产重整价值评估、破产清算内部控制等系统的研究体系，构建了我国破产会计理论框架、实务体系和方法体系。栾老师说，对破产会计是"先结婚、后恋爱"并且"越难越爱、越爱越深"，通过对法律、管理、经济等领域的不断学习、探究和实务工作经验的积累，发掘了终止经营会计（破产会计）的现有研究存在的薄弱环节，由此建立并发展了自我研究的兴趣。

相对于正常企业会计、资本市场会计而言，破产会计长期处于

"冷背残次"领域，但"无论什么领域，只要社会需求，就应该进行研究，增加有效供给。只要存在市场经济，必然产生企业破产；只要存在企业破产，必然需要破产会计""俏姑娘引人注目，丑媳妇也要有独立的人格呀！"栾老师如是说。

于专业领域无论是科学研究工作还是实务操作过程，都是"仰之弥高、钻之弥坚"，唯有沉心静气、耐住寂寞、坚持初心、不断前行，才能有所建树。

会计融入人生，人生折射会计

会计源于生活，而又高于生活。

35年与会计学结缘的人生中，栾甫贵教授感悟到：总分类账与明细分类账的关系，体现了长辈与晚辈、上级与下级等关系；收入与费用体现了快乐与痛苦、成功与失败；所有假账都是违背诚信原则的，所有欺骗都是不道德的；会计主体、持续经营、会计分期、货币计量等会计假设，体现在人生中就是：人的出生形成主体，持续生存，定期过生日或总结工作生活，判断幸福感；会计确认是将交易事项进入会计系统的过程，生活中体现为：言行举止是进入人生"三观""三元素"（赚钱、事业、家庭）的过程；会计计量的计量属性表现为：过去的事是历史成本，把握现在是重置成本、公允价值、可变现净值等现行价值，展望未来是现值；在财务会计报告中，资产负债表、所有者权益变动表是里子,利润表是面子,现金流量表是日子;资产、收入是幸福的来源,负债、费用是幸福的抵减,净资产、利润是幸福的存量。在会计核算方法中,设置会计科目:建立完整性、系统性思维,分清情感的性质、层次及其相互关系;复式记账:了解情感的来龙去脉、因果关系,认识和把握情感的规律;审核和填制凭证:言之有物、言之有据,避免主观臆断,尊重客观事实;登记账簿:过去是历史成本,回顾过去、总结过去是更好的把握现在、拥抱未来;成本计算:一分耕耘一分收获,减少和消除不劳而获、急功近利的思维和行为;财产清查:言行一致,兑现承诺,勤于自省,取长补短;编制会计报表:资产负债表、所有者权益变动表是体检表,利润表与现金流量表是业绩表。

对于会计最好的学习就是能够知行合一,无论将来是否真正从事会计工作,都能将会计内化于心、外化于行,做到知行合一。

欲为成功者,必先善思辨

天道酬勤,思者常新。栾甫贵教授想对学生们说:大学是我们人生旅程中具有里程碑性质的重要一站,"独立、批判、自由"的大学精神将有助于塑造我们良好的思维方式,"联系、运动、变化"的哲学理念将改善我们思考问题的角度。大学不仅是学习知识,更是锻造我们思维的殿堂,祝愿每一个人都能在这个辉煌的殿堂里,张开想象的翅膀,开启幸福的远航!

(二) 学评教

1. 本科生

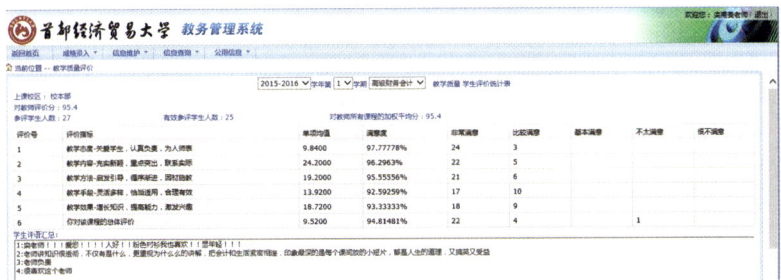

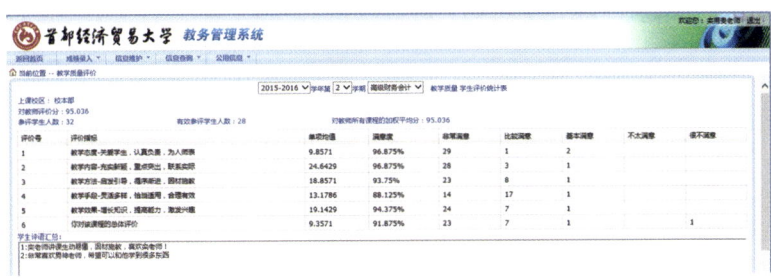

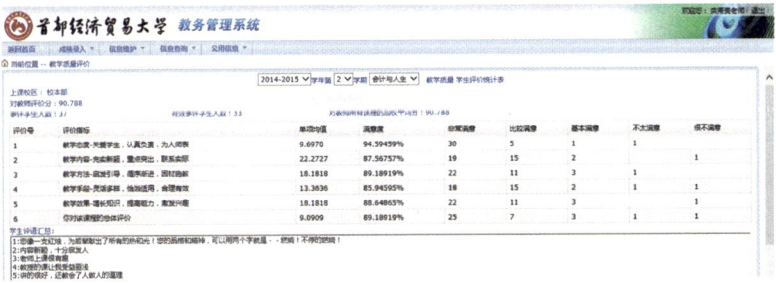

2.研究生

教师姓名	栾甫贵	讲授课程	会计理论研究	开课院系	未知院系
班级名称	会计理论研究1班			班级人数	46
评教学期	2015~2016年度第一学期	综合得分	89.89	参评人数	41
教学建议信息共：5条				评教人员	学生

序号	教学建议信息
1	很好
2	栾老师是一位非常能带动我们思考的老师，经常带动我们思考为什么，启发我们的思考能力，改变我们的思维方式，另外，讲课内容具有可讨论性，能激发学生的创新能力
3	讲解知识全面，内容充实
4	非常好
5	老师思维活跃，创新性地提出了很多问题，课堂生动有效

教师姓名	栾甫贵	讲授课程	会计理论研究	开课院系	未知院系
班级名称	会计理论研究1班			班级人数	49
评教学期	2016~2017年度第一学期	综合得分	89.66	参评人数	44
教学建议信息共：3条				评教人员	学生

序号	教学建议信息
1	教学严谨，课堂气氛活泼，深得同学喜爱
2	老师具有很强的学术造诣，教学方法独特，对开发学生独立思考能力有很大帮助
3	栾老师上课十分注意锻炼我们独立思考的能力，过去一直在学习怎么运用会计知识，而上了栾老师的课让我了解了是怎么形成这些会计理论的，并且通过不断质疑，形成自己的见解，找出创新点

附 录

教师姓名	栾甫贵	讲授课程	财务会计理论与实务	开课院系	未知院系
班级名称	财务会计理论与实务（2016审计、会计合班）			班级人数	76
评教学期	2016~2017年度第一学期	综合得分	89.63	参评人数	76
教学建议信息共：5条				评教人员	学生
序号	教学建议信息				
1	非常好				
2	老师深入浅出的教学方法，使我加深了对会计准则的认识，提高了自己分析问题的能力				
3	栾甫贵老师讲课生动形象，语言诙谐幽默又蕴含丰富的知识，注重对学生独立主动思考问题的培养				
4	老师非常注重对学生思维方式的训练，有助于学生全面发展，希望老师继续保持				
5	老师将会计的发展及演变讲得简单易懂，非常感谢老师				

教师姓名	栾甫贵	讲授课程	财务会计理论与实务	开课院系	未知院系
班级名称	财务会计理论与实务1班			班级人数	76
评教学期	2015~2016年度第一学期	综合得分	89.43	参评人数	76
教学建议信息共：5条				评教人员	学生
序号	教学建议信息				
1	老师讲得非常好				
2	老师很好呀，很博学呢				
3	将枯燥干瘪的会计理论发展课程，变得丰富有趣，具有引导性的教学，课程活泼新颖				
4	栾老师非常重视思维方式的培养，授课风格颇有大师风范！对于一些偏重实操的知识点，希望老师能给予更多基础性的讲解，更好地把握构建思维和实操方面的尺度。感谢老师的辛勤付出！老师辛苦啦				
5	栾老师启发了我们思考问题的新角度，让我们以更加开拓的视野来思考会计问题。这门课的学习让我收获颇丰				

2017年下学期专业硕士：

教师姓名	栾甫贵	讲授课程	财务会计理论与实务	开课院系	未知院系
班级名称	财务会计理论与实务(会计专硕)班			班级人数	79
评教学期	2017~2018年度第一学期	综合得分	89.87	参评人数	79
教学建议信息 共：3条				评教人员	学生
序号	教学建议信息				
1	老师会启发学生思考，能够鼓励学生钻研，课间会放映激励性的PPT，既可以提神又可得到正能量				
2	内容在更加细致化				
3	栾老师在课堂上引导我们主动思考，师生交流，是不同于其他课的教学模式，有助于提高我们的思维敏捷性及开放性				

2017年下学期学术硕士：

教师姓名	栾甫贵	讲授课程	会计理论研究	开课院系	未知院系
班级名称	会计理论研究1班			班级人数	40
评教学期	2017~2018年度第一学期	综合得分	89.8	参评人数	40
教学建议信息共：3条				评教人员	学生
序号	教学建议信息				
1	没什么意见				
2	老师知识非常丰富				
3	老师讲课很棒，喜欢老师的教学风格				

后　　记

人生像一趟列车，途中有许许多多站台，每个站台都有其光彩之处，列车徐徐开出了站台，望着远去的一串长龙，是否还在留恋过去或是期待更美好的未来？过去是固态的，现在是液态的，未来是气态的；过去是拉不回的历史，现在是赶不走的存在，未来是抓不住的彩云……

生老病死乃人之常情，也是企业的规律乃至宇宙的规律。在企业管理的研究中，有一个重要的理论，即企业生命周期理论，将企业拟人化理解，把企业分为初创期、发展期、成熟期、衰落期等不同时期，形成一个抛物线模型。人们通常"报喜不报忧"、崇尚新生而避讳死亡，因而在经济学、管理学、法学、会计学等诸多领域的研究中较少有人研究衰落期的相关问题，虽然有一些研究企业危机管理的文献，但主要涉及风险管理，真正研究企业"病危"或"死亡"的领域恐怕主要是法学中的破产法了，而研究企业破产法的学者也不太"受人待见"，自嘲为"破人"，将破产法研究称为"破事"，如此看来，我也是其中的"破人"之一，研究的也是"破事"，甚至业内有人称我为"破教授"。然而，企业的发展、经济的繁荣离不开这些"破人""破事"，就像社会中离不开医院一样，与此形成鲜明对照的是，医护人员被称为"白衣天使"，从事破产研究的人却没有这样的美誉，是不是有些不公平呢？其实，我们所从事的行业或研究领域应该是平等的，本没有高低贵贱之分，任何工作都需要相应的研究和努力，最重要的是兴趣，我之所以对破产会计如此坚持也是兴趣使然，而这个兴趣除了来源于读研期间的好奇外，还来源于对破产会计特殊性、拓展性的逐渐理解和认识，如果有客观原因，就是当年所处的偏僻环境。1994年10月以前，我一直在黑龙江八一农垦大学当老师，地处黑龙江省鸡西市以东90千米外的密山县裴德公社，虽然距离哈尔滨只有不到600千米，但坐火车（当时的501、502次火车，哈尔滨至东方红）却需要19个小时，交通、通信极不方便。在如此闭塞的环境中，难以跟上热点话题，静下来研究冷僻的破产会计也是无奈之举。随着1994年调入天津商学院任教后，各方面环境得到了极大改善，但我依然坚持破产会计研究，因为经过近十年的研究和学术交流，已经逐渐喜欢上了破产会计，在破产会计核算基础上开始探讨破产会计理论问题，于1996年发表破产会计理论架构的文章，并不断深化、拓展破产会计研究，2002年发表企业破产拯救的文章，2005年发表破产企业治理结构文章，2008年发表破产企业财务控制文章，2010年发表破产清算内部控制文章，2011年发表破产会计研究综述及评价文章，从而有了今天的"栾破产"。

一提到"破产"，人们通常想到的是破产倒闭或破产清算，破产会计只是对破产清算企业的会计核算，是处理企业"后事"的会计处理，实际上并非如此。现代破产法已经涵盖了破产清算与破产拯救两大部分，并将破产拯救作为其规范重心，由过去的"清算主义"转为"再建主义"，我国2006年颁布的修订后的破产法，将破产案件分为破产和解、破产重整、破产清算三个部分，前两部分的宗旨在于拯救企业，帮助进入破产程序的企业摆脱困境，恢复正常经营。由此可见，破产会计也不仅是破产清算会计，还包括破产和解会计和破产重整会计，破产会计不是丑陋的会计、消极的会计，而是具有积极价值创造的会计。

破产和解会计的价值创造。破产和解是债务人为了避免破产清算而向人民法院提出和解申请及和解协议草案，经过债权人会议讨论通过和法院认可后，解决债权债务问题的制度。在这一制度下，债务人的会计应整理债权债务清册，拟定包括清偿债务的资金来源、债务清偿方式与清偿期限等在内的和解协议草案，向管理人移交相关会计档案和会计工作，反映监督和解协议草案的执行情况等。其核心问题是有关和解协议草案内容的设计、测算与评价，其中的难点在于各项条款兑现的可行性分析论证，包括企业内部环境与外部环境的正确估价、未来有关因素的变动方向和变动幅度的合理预测等。因为债权人会议审议的主要内容和重点在于，和解原因的可靠性、债权清册的真实性、和解措施的可行性、和解期限的合理性、偿债方案的公正性以及担保方式的有效性等。债务人正式终结和解程序、进入和解协议履行期间后，应严格按照和解协议的约定组织各项财务活动，努力增大现金流入量、控制现金流出量，保证和解协议全面、按期履行。

破产重整会计的价值创造。破产重整会计是指对进入破产重整程序的企业依法进行债务调整、企业调整，旨在拯救债务人、摆脱财务困境和破产清算厄运，实现企业复兴等方面的会计工作。其主要内容包括：进行债务分类（有财产担保债务、应付职工薪酬、应交税费、普通债务等），参与拟订重整计划（包括债务人的经营方案、债权调整方案、债权受偿方案、重整计划的执行期限、重整计划执行的监督期限、有利于债务人重整的其他方案等），参与企业重整价值评估，执行和监督重整计划等。可见，重整会计涉及并主要处理的关系包括债权债务关系、物权关系、投资关系、劳动关系、税收关系、财产关系等，涉及管理人、债务人、债权人、投资人、企业员工等多方面关系人，包括债务人、债权人和管理人三个方面的会计工作。其中债务人的会计工作主要包括提出重整申请、移交重整企业、参与重整计划的制订工作、协助重整计划的执行等内容；债权人的会计工作主要包括提出对债务人的重整申请、审议重整计划草案、向管理人提出有关质询、监督重整计划的执行等内容；管理人的会计工作主要包括接管并审核重整企业财务状况、制订重整计划草案、制定重整可行性报告、提出批准重整计划的申请、监督重整计划执行、提交执行报告等内容。

破产清算会计的价值创造。破产清算会计是企业破产清算期间有关接管破产企业，清理、变现及分配各项财产的会计工作。作为企业破产清算期间有关破产人的财产、负债、费用、损益等方面会计核算的特殊业务，破产清算会计受托于管理人；而管理人又要向人民法院及债权人会议等机构报告工作、接受债权人会议和债权人委员会的监督，此外还要接受企业所有者的监督，向税务机关申报和缴纳相关税金。因此破产清算会计的基本目标是反映管理人受托责任的履行情况，及时、客观、完整地向人民法院、债权人、投资人、政府有关部门等定期和不定期提供财产状况、财产变现、费用开支及债务清偿情况等有关决策有用的破产清算会计信息。从广义上看，破产清算会计的目标还包括进行破产清算预算、计划、控制、考核与分析，保护破产人财产的安全完整、提高财产的变现价值，监督破产清算程序实施的合法性与有效性，努力增大债权人的债权受偿比例，维护债权人和债务人的合法权益。从另一个角度讲，破产清算虽然灭失了企业，但可以将有限的资源转移给利用效率更高的企业、单位或个人，通过依法清偿债务而有效维护了债权债务关系，维护了市场经济秩序，同时债务人企业摆脱了债务困扰而获得重生的机会。

值得我们关注的是，随着大智移云时代的到来，破产会计也面临着不容忽视的冲击和挑战。与正常企业会计的信息化、智能化趋势一样，破产会计核算也将步入智能化。首先，需要我们关注、开发有关破产和解、破产重整、破产清算的智能化会计核算软件，而在集团破产引起的关联破产、跨境破产中，可以通过现行企业财务共享中心的改造升级，构建出破产企业财务共享中心、云平台的破产会计处理服务。其次，随着企业信息化的不断深入升级以及物联网的逐步实现和普及，破产财产的管理将更加便捷高效，区块链的应用将极大提高破产企业债权债务的准确性及管理效率，降低相关舞弊的可能性，进一步提高信息沟通效率和信息质量，增强破产重整价值评估的判断能力，优化破产内部控制质量，促使我们对大智移云环境下的破产重整价值判断及破产内部控制的流程、方法、理论等方面的深入研究。最后，由于破产费用与债权人债权受偿比例的负相关关系，应该尽力控制破产费用开支，建立破产费用预算制度，考评管理人的工作业绩，提高破产管理效率和效益。另外，值得我们欣慰的是，我国破产制度将由法人破产制度推广至法人破产、个人破产结合的制度，形成比较完备的破产制度体系，例如，2019年1月21日深圳市六届人大七次会议审查通过了《关于建立个人破产制度的立法议案》，2020年6月2日深圳市人大常委会在其官网发布了《深圳经济特区个人破产条例（征求意见稿）》。2019年6月22日国家发改委等十三部门联合发布《加快完善市场主体退出制度改革方案》曾提出："在进一步完善企业破产制度的基础上，研究建立非营利法人、非法人组织、个体工商户、自然人等市场主体的破产制度，扩大破产制度覆盖面，畅通存在债权债务关系的市场主体退出渠道。"弥补现行破产法仅仅适用于法人企业的不足，如果我国发布实施个人破产制度，必将产生服务于该制度的个人破产会计，必将涉及非营利法人、非法人组织、个体工商户、自然人等破产重整、破产清算会计处理的理论与实务问题，涉及其重整价值评估、破产价值判断以及相关的内部控制问题，这也是值得我们重视和研究的一个破产会计分支，值得我们持续跟踪研究。

企业破产是市场经济的必然产物，破产会计也是市场经济的维护者，客观认识破产会计的经济价值、社会价值乃至人文价值，促进破产会计的健康发展，是促进和保护市场经济的重要手段。如果我是一只白鸽，我要衔来一朵白云替你遮挡阴凉；如果我是一涓小溪，我要汇聚一片汪洋帮你洗去惆怅。希望有更多的学者研究破产会计，保护破产会计，为会计事业的发展做出应有的贡献，创造更加美好的明天。